Elena Schulte

Familienalltag mit Goldrand

1. Auflage 2013
Bestell-Nr. 816758
ISBN 978-3-86591-758-4
Covergestaltung und Satz: Typowerk GbR, Weyerbusch
Druck und Verarbeitung: Print Consult GmbH, München

Für die Bibelzitate wurden folgende Bibelübersetzungen verwendet:
Gute Nachricht, © 1997 Deutsche Bibelgesellschaft, Stuttgart. (GN)
Luther, revidierte Fassung von 1984, durchgesehene Ausgabe in neuer Rechtschreibung. © 1984 Deutsche Bibelgesellschaft, Stuttgart. (LÜ)
Neue Genfer Übersetzung – Neues Testament und Psalmen, Copyright © 2011 Genfer Bibelgesellschaft. (NGÜ)

Bildnachweis:
Cover: iStockphoto/Thinkstock, AbleStock/Thinkstock, subjug/iStockphoto, Spiderstock/iStockphoto; S.14: iStockphoto/Thinkstock; S.19: Stockbyte/Thinkstock; S.22: Typowerk; S.24: George Doyle/Stockbyte/Thinkstock; S.29: Stockbyte/Thinkstock; S.31: luxuz::./photocase.com; S.34: iStockphoto/Thinkstock; S.39: Jupiterimages/Thinkstock; S.43: Macavity / photocase.com; S.45: Typowerk; S.49: David De Lossy/Photodisc/Thinkstock; S.53: Jupiterimages/Thinkstock; S.57: Jupiterimages/Brand X Pictures/Thinkstock; S.59: Martin Poole/Digital Vision/Thinkstock; S.63: Thomas Northcut/Lifesize/Thinkstock; S.65: Erik Snyder/Lifesize/Thinkstock; S.69: Creatas Images/Creatas/Thinkstock; S.73: iStockphoto/Thinkstock; S.75: kallejipp/photocase.com; S.79: Digital Vision/Thinkstock; S.81: Purestock/Thinkstock; S.85: kallejipp/photocase.com; S.87: iStockphoto/Thinkstock; S.91: Digital Vision/Thinkstock; S.93: iStockphoto/Thinkstock; S.97: Thomas Northcut/Photodisc/Thinkstock; S.99: Seleneos/photocase.com; S.103: iStockphoto/Thinkstock; S.105: Digital Vision/Thinkstock; S.108: altrendo images/Stockbyte/Thinkstock; S.113: iStockphoto/Thinkstock; S.115: iStockphoto/Thinkstock; S.119: Jupiterimages/Polka Dot/Thinkstock; S.123: iStockphoto/Thinkstock; S.125: iStockphoto/Thinkstock; S.129: iStockphoto/Thinkstock; S.133: iStockphoto/Thinkstock; S.135: Don Espresso/photocase.com; S. 139: Lifesize/Thinkstock; S.143: iStockphoto/Thinkstock

Elena Schulte

Familienalltag mit Goldrand

40 Gedanken, die das Elternsein leichter machen

GerthMedien

Über die Autorin

Elena Schulte (`82) lebt mit ihrem Mann René und ihren beiden Kindern Madita (`8) und Linus (`10) im Westerwald in der Nähe von Altenkirchen. Sie hat eine Ausbildung am Theologischen Seminar Rheinland (TSR) gemacht und ist beim Missionswerk Neues Leben als Evangelistin und Moderatorin angestellt. Ihr Alltag wird so richtig golden, wenn die Sonne scheint, sie Zeit mit ihrer Familie und Freunden genießen kann und am besten noch Platz für ein paar verrückt-kreative Ideen bleibt!

Für meinen Mann - weil Du mein Leben vergoldest,
und für meine Kinder - weil Ihr dieses Leben erst richtig
mit Leben füllt!

Inhalt

Vorwort

Liebe Leserinnen und Leser,

Kinder verändern unser Leben! Oft höre ich diesen Spruch und kann ihm uneingeschränkt zustimmen.

Die erste Veränderung geschah mit meinem Körper, denn ich habe in allen meinen Schwangerschaften gut 20 Kilo draufgepackt. (Die Kilos bin ich wieder los, den Hang zu Süßem leider nicht.) Doch damit hörte es mit den Veränderungen nicht auf, denn ziemlich bald „erhöhte“ sich unser Lebensstandard: Die Inhalte der Regale wurden nach oben geräumt! Außerdem überlegte ich mir, dass es praktischer wäre, mir gleich ein Zimmer in der Kinderarztpraxis anzumieten. Und irgendwann stand ich vor der Entscheidung, entweder eine Taxi-Zulassung zu beantragen oder einen Hubschrauber fliegen zu lernen. Dagegen war das Simultanbasteln der drei Laternen für den St. Martins-Umzug ein Kinderspiel.

Fünfmal lernte *ich* alles über Elisabeth von Thüringen und wie ein Brot entsteht. Und inzwischen erklären mir die Kids mein Handy und den Computer. Doch damit das Elternsein nicht langweilig wird, gibt es neue Beschäftigungstherapien, die sich Kampf um die Hausaufgaben, Schulmobbing und erste Freundschaften nennen.

Schließlich kam der Tag, an dem ich plötzlich zu meinem Erstgeborenen aufsehen musste, der dann auch prompt von zu Hause auszog – und dabei hatte ich ihn doch gerade erst im Kinderwagen geschaukelt. (Übrigens dauerte es lange, mir abzugewöhnen, einen Einkaufswagen beruhigend vor- und zurück zu bewegen!)

Sie finden, das hört sich nach sehr viel Anstrengung an. Richtig! Aber um nichts auf der Welt würden wir unsere fünf wunderbaren Kinder hergeben. Wir sind durch sie reich beschenkt, sie machen unser Leben abwechslungsreich und spannend.

Beim Lesen von „Familienalltag mit Goldrand“ hatte ich das Gefühl, dass die Autorin direkt in meinen Alltag hineinspricht. Elena Schulte gelingt es, auf humorvolle und leichte Art zugleich aber auch mit viel Tiefgang neue Anregungen für einen gelingenden Familienalltag weiterzugeben. Ihre Texte und die darin enthaltenen Ideen sind bestens dafür geeignet, uns aus der Tretmühle zu ziehen, in der wir womöglich inzwischen gelandet sind, und geben Mut zu Veränderungen!

Genießen Sie dieses wunderbare Buch – und Ihre Familie – in vollen Zügen!

Elisabeth Büchle

Auch Mütter und Väter sind ein ICH

Das Elternwerden oder -sein stellt das bisherige Leben ganz schön auf den Kopf. Man beschäftigt sich nun mit Schnullergrößen und Laufradherstellern. Es zählt zu den größten persönlichen Erfolgen, wenn der Stinker des Nachwuchses endlich auch seinen Weg ins Töpfchen gefunden hat. Im Freundeskreis tauscht man sich über den letzten Kinder-Secondhand-Markt und die Wirksamkeit von Globuli bei Fließschnupfen aus. Ein Treffen mit Freunden ist umgeben von mindestens fünf Kindern zwischen 0 und 7 auch nicht mehr das, was es mal war, und die Tagesplanung dreht sich – wenn man überhaupt von Plan sprechen kann – fast ausschließlich um die Frage, wie man den Flötenunterricht der Tochter zeitgleich zum Fußballtraining des Sohnes erreichen kann.

Mitten in all dem taucht es immer wieder auf: das „alte Ich". Ich mache immer noch gerne lange Spaziergänge (mit mindestens 5 km/h), habe immer noch die

Zurück
zu Mir!

Sehnsucht, das Geigespielen zu lernen, bin nach wie vor unglaublich gut im Golfen und wünsche mir schon lange, eine Reise nach Südostasien zu machen. Vielleicht ist die Stimme meines „alten Ichs“ wesentlich leiser geworden – vielleicht auch wesentlich lauter! –, auf jeden Fall ist sie hörbar. Spürbar. Manchmal sehr eindringlich. Und das ist völlig o. k.! Nur weil ich Vater oder Mutter geworden bin, höre ich nicht auf, Mann oder Frau, Freund(in), Begabte(r), Sehnsüchtige(r), Gläubige(r), Lebende(r) zu sein. Mit allen Facetten.

„Ob ich sitze oder stehe, du weißt es, du kennst meine Pläne von Ferne. Ob ich tätig bin oder ausruhe, du siehst mich; jeder Schritt, den ich mache, ist dir bekannt. (...) Von allen Seiten umgibst du mich, ich bin ganz in deiner Hand.“ Diese Feststellung über Gott macht König David in der Bibel, und zwar in Psalm 139, Verse 2–3+5. Und sie gilt auch heute noch jedem Menschen – also auch jedem Vater und jeder Mutter. In unsere konkrete Situation hineingesprochen könnten diese Verse vielleicht so lauten:

„Ich weiß, wie sehr du dich aufopferst und gleichzeitig zurücksteckst. Ich sehe dein Tun und danke dir, dass du dich um eines meiner hilfs- und schutzbedürftigsten Geschöpfe kümmerst. In meinen Augen bist du unendlich wertvoll!“

Das stillt noch nicht jede Sehnsucht nach Freiheit und Selbstbestimmung in uns. Aber das lässt uns wissen, dass wir viel gesehener, viel geliebter, viel wertgeachteter sind, als wir uns oft fühlen.

Darüber hinaus dürfen wir es uns selbst wert sein, uns Räume zu schaffen, in denen wir mit unseren

Wünschen vorkommen können. Wenig hilfreich ist es nämlich, die Identität des „alten Ichs“ zu fesseln, zu knebeln und in den Keller zu sperren, nur weil man der Lüge aufgesessen ist, eine Mutter oder ein Vater hätte kein Recht mehr auf ein eigenes Leben. Natürlich kommt dieses an einigen Stellen kürzer und sogar auch mal zu kurz. Das ist kein Weltuntergang. Aber ich darf Absprachen mit meinem Partner oder einem Babysitter treffen, um mich mal wieder selbst mit all meinen Wünschen, Gaben und Leidenschaften zu spüren und diesen nachzugehen. Denn wenn ich mich selbst gesehen und umsorgt weiß, kann ich viel besser meinen Blick auch wieder auf andere lenken.

Hilfe anzunehmen ist kein Zeichen von Schwäche, sondern von Stärke

Wenn er schon sprechen könnte, würde mein 1 ½-Jähriger jetzt sagen: „Ich kann das schon alleine!“ Aber auch ohne Worte gibt er mir unmissverständlich zu verstehen, dass er seine Jacke ohne meine Hilfe anziehen möchte. Drei Minuten und viele Verrenkungen später hat er sie tatsächlich an – allerdings mit dem Kragen am Bauchnabel und dem Rücken auf der Brust.

Ich lächle und denke bei mir: Mit ein bisschen Hilfe wäre es besser gegangen. Und dass du es noch nicht alleine kannst, ist doch gar nicht schlimm …!

Mein nächster Gedanke gilt mir selbst: Bin ich so anders? Meine ich nicht auch viel zu oft, ich würde es schon alleine schaffen, und schlage wertvolle Hilfe aus?

Etwas unterscheidet mich dabei von meinen Kindern: Bei ihnen ist die „Alleine-Phase“ unglaublich wichtig, um selbstständig zu werden und sich in ihren Fähigkeiten weiterzuentwickeln. Bei mir steckt hinter meinem vehementen „Alleine!“ eher die Angst, durch Hilfsbedürftigkeit schwach zu wirken. Und so rotiere ich und renne und mache und ackere und schufte und leide und organisiere ALLEINE, anstatt angebotene Hilfe anzunehmen oder sogar darum zu bitten. Aber zeugt es wirklich von Schwäche, wenn ich mir helfen lasse?

Eine Gegenfrage zeigt mir die Antwort:

Würde ich meine Freundin als unfähig empfinden, wenn sie meine angebotene Hilfe in Anspruch nimmt? Nicht im Geringsten.

Dass wir Grenzen haben, darüber müssen wir gar nicht reden. Und wenn ich lerne, zu diesen Grenzen zu stehen (Grenzen meines Könnens zum Beispiel oder Grenzen meiner Kraft), ist dies eigentlich ein Zeichen von Stärke. Denn ich muss nicht länger mir oder den Menschen in meiner Umgebung oder Gott vorspielen, dass ich mehr kann, als der Realität entspricht. Sondern ich kann zeigen, dass ich ein Mensch bin, der vieles kann – aber manches eben auch nicht – und der es zu schätzen weiß, dass es andere gibt, die mich ergänzen dürfen.

Das klingt in der Theorie logisch. Ist es in der Praxis übrigens auch. Und wenn ich anfange, es zu leben, werde ich erleben, wie befreiend und wohltuend diese Wahrheit ganz praktisch im Alltag ist.

03

Gott sieht alles – was für ein Segen

Das Chaos ist perfekt: meine Tochter weint, mein Sohn weint, ich weine – zumindest innerlich. Was war passiert? Ach, eigentlich nichts Besonderes, eher eine völlig alltägliche Situation. Meine Tochter wollte gerne ein Bild malen, ihr kleiner Bruder hatte sich von dieser Idee anstecken lassen. Doch nach einer kurzen, friedlichen Zeit am Kindertisch kam es zum Streit um einen bestimmten Stift, der mit Haareziehen und Hauen schnell laut und tränenreich wurde.

Ich wollte eigentlich den Streit schlichten und mit ein paar beruhigenden Worten Ruhe in die tosenden Wellen bringen. Doch nachdem ich den Eindruck bekam, meine mit Bedacht und Sorgfalt gewählten pädagogisch wertvollen Worte treffen einfach nur auf taube Ohren, ließ ich mich schnell von der hitzigen Stimmung anstecken, wurde lauter, drohender, strenger.

Und als auch dies keinen Erfolg zeigte, nahm ich am Ende die Stifte und das Papier einfach weg und verfrachtete beide Streithähne auf ihre „Auszeitstühle“. Und nun stehen (bzw. sitzen) wir hier, mitten im Schlamassel …

Und mitten in diese unschöne und total ungewollte Situation hinein flüstert eine Stimme in meinem Herzen: Gott sieht alles. Na super – so einen Deckel habe ich jetzt noch gebraucht.

Ich beginne, mich im Geiste zu rechtfertigen: Das wollte ich doch so nicht. Ich hatte wirklich gute Vorsätze, hehre Ziele. Wenn du wüsstest, was ich eigentlich …

Und wieder die Stimme in meinem Herzen: Gott sieht alles. Doch jetzt werde ich stiller, beginne zu verstehen. Hier geht es nicht um einen außenstehenden Mahner und auch nicht um einen Polizisten mit erhobenem Zeigefinger. Hier spricht ein Vater. Ein himmlischer Vater. MEIN himmlischer Vater. In seiner Stimme klingen Liebe, Verständnis und Sanftheit. Und was umfasst dieses Alles eigentlich?

Na – eben alles. Auch, dass ich heute Morgen für meine Familie und diesen Tag gebetet habe. Auch dass ich letzte Woche mit einer befreundeten Pädagogin gesprochen habe, um mir ein paar gute Anregungen für die Erziehung zu holen. Auch dass ich mir vorgenommen hatte, den ganzen Tag ohne laute Worte auszukommen. Auch dass ich extra zwei neue Malbücher gekauft habe, um damit meine Kindern beim nächsten Malen zu überraschen.

Gott sieht alles. Nicht nur das Endergebnis. Nicht nur mein Scheitern. Und dann zieht er auch nicht die Augenbraue hoch und fragt schnippisch: Was sollte das denn? Gott sieht alles. Meine guten Motive. Mein volles Engagement. Meine kurzen Nächte. Meine investierte Liebe. Meine leeren Kraftreserven. Meine

D

UHA

STSCHO

NWIEDER

VERGESSEN

DASS ICH DICH

LIEBE.

♥

hohen Ziele. Mein Zurückstecken. Meine aufgebrachte Geduld. Mein mühevolles Erziehen.

Und er ist stolz auf mich.

Er schätzt meine Leidenschaft. Er rechnet mir meinen Einsatz hoch an. Er jubelt über mein Elternsein. Gott sieht alles. Und mehr als das. Er begleitet alles. Trägt in jedem Moment. Schenkt immer wieder neue Chancen. Heilt geschehene Misserfolge. Und freut sich auf alles, was noch vor uns liegt!

Dankbarkeit kommt mit dem Dankbarsein

Ich habe zwei tolle Kinder. Ich habe einen wunderbaren Mann. Ich mag meine Nase. Wir haben genügend Geld zur Verfügung, um unsere Familie zu versorgen. Wir haben sogar so viel Geld zur Verfügung, um uns hin und wieder etwas Besonderes zu gönnen. Wir gehen in eine lebendige und inspirierende Gemeinde. Mir scheint gerade die Sonne ins Gesicht. Ich habe wertvolle Freunde. Wir leben in einem reichen und sicheren Land. Ich habe Schokoladeneis im Tiefkühlschrank. Wir werden dieses Jahr noch in den Urlaub fahren. Ich bin gesund, genauso wie mein Mann und meine Kinder. Ich habe ein gutes Verhältnis zu meinen Eltern, Schwiegereltern und dem Rest der Familie. Wir fahren ein Auto. Und sogar ein zweites. Ich habe einen kleinen Job, der mir Spaß macht. Heute Abend läuft mein Lieblingsfilm im Fernsehen. Wir sind bisher von Leid und Schicksalsschlägen weitgehend verschont geblieben. Ich darf Gott kennen und er kennt mich. Wir bauen ein Haus. Ich habe einige

Gaben und kann diese auch immer wieder einbringen. Letzte Nacht haben wir alle vier durchgeschlafen.

Diese Liste könnte ich noch unendlich fortsetzen.

Das alles erscheint mir oft so selbstverständlich.

Ist es aber ganz und gar nicht.

Diese Dinge sind besonders. Privilegien. Reichtümer. Geschenke. Ein großer Segen. Aber sie entfalten erst das ganze Potenzial ihres Wertes, wenn ich sie sehe, wahrnehme, beachte.

Leider sind aber die Dinge, die uns ärgern, die uns fehlen oder die uns Sorgen machen, meist viel präsenter, auffälliger und lauter. Und nehmen daher – wenn wir nichts dagegen tun – den Großteil unserer Aufmerksamkeit für sich gefangen.

Heute ist ein guter Tag, dies zu ändern, finde ich! Und darum lege ich mir jetzt einen Block und einen Stift ans Bett und starte einen Versuch: Jeden Abend mache ich erst dann das Licht aus, wenn ich mindestens zehn neue Dinge, Personen oder Umstände aufgeschrieben habe, für die ich dankbar bin oder mit denen ich beschenkt bin. So schläft es sich friedlicher und so lebt es sich fröhlicher!

Lass dich einladen, die Welt mit den Augen eines Kindes zu sehen

Das Leben eines Kindes ist wie eine aufgeschlagene Einladung an uns Erwachsene, die Welt einmal mit anderen Augen zu sehen. Das fällt uns nicht immer leicht, da wir geprägt sind von Zielorientierung und Leistung, Effizienz und Wichtigkeit. Diese Muster kennen Kinder zum Glück noch nicht. Darum ist ihr Spielen ihre Arbeit und Staunen ihr Lebensinhalt.

Bisweilen kann das für einen Erwachsenen sehr anstrengend sein, denn wenn wir einen Termin haben, möchten wir nicht erst noch der Puppe die Flasche zu Ende geben und auch das Puzzle, dass wir jetzt schon 13 Mal hintereinander gepuzzelt haben, lädt uns nicht wirklich zum 14. Mal ein.

Aber wenn wir einmal innehalten und dieser Einladung unserer Kinder folgen, ihre „Lebensbrille" aufzusetzen und unsere Schemata beiseitezulegen, gibt es unendlich Schönes zu entdecken.

Da ist zum Beispiel das Plastikreh in Nachbars Garten („Boah, ist das hässlich!“), das so lange schon nichts mehr gegessen hat und unbedingt von uns versorgt werden will. Oder die Tupperdose („Blödes Ding, immer klemmt der Deckel!“), auf der man ein herrliches Schlagzeugkonzert abhalten kann.

Da ist der Split in der Einfahrt („Immer trägt man sich dieses fiese Zeug ins Haus!“), mit dem man wunderbar den Spielzeug-Kipplaster beladen kann. Oder das alte Handtuch („Bei nächster Gelegenheit kommt das löchrige Ding in den Müll!“), mit dem man sich wahlweise als Prinzessin, Schurke oder Gespenst verkleiden kann.

Das Leben bietet so viel.

Schönes.
Erstaunliches.
Wandelbares.
Inspirierendes.
Großartiges.

Und es liegt meistens gleich vor unseren Füßen.

Wie schön, dass unsere Kinder in der Lage sind, diese Geheimnisse zu lüften. Und wie schön, dass sie sie so gerne mit uns teilen – wenn wir sie lassen!

06

Wir brauchen ein Maß für das „Genug“

Muttersein ist ein Fulltime-Job. Oder je nachdem, wie man die Aufgaben verteilt hat, auch Vatersein. Daran gibt es nichts zu rütteln, das ist eine Tatsache. Leider meinen wir aber nur allzu oft (oder bekommen wir von anderen vermittelt), so fulltime sei unsere Aufgabe nun doch nicht und wir könnten diese Lebensphase nutzen, um noch 1000 andere Dinge nebenher zu schaffen.

In einem gewissen Rahmen ist das löblich, förderlich und für eine Mama oder einen Papa bestimmt auch schön. So kann man vielleicht endlich mal die Möbel aufarbeiten, die man vor Jahren schon von Oma geerbt hat, oder sich im Fitnessstudio anmelden, um einen gesunden und wohltuenden Ausgleich zu haben.

Allerdings kippt diese wackelige Kiste schnell. Denn es gibt zu viel, was man immer schon mal tun wollte, sollte oder müsste. Oder was andere meinen, was man ja eigentlich auch noch schaffen könnte. Und ehe man sich versieht, hat man sich verzettelt und die große Überforderungskatastrophe ist in Sichtweite.

KNITTEL
THERESE ETIENNE
QUO VADIS
KNITTEL
VIA MALA
So sah ich Sibirien
DONAULAND LEXIKON
HARRER · ICH KOMME AUS DER STEINZEIT

Der einzige Weg, aus dieser Falle herauszukommen, ist: Prioritäten setzen. Die große Frage lautet allerdings: wie? Denn alles sieht so wichtig aus, schreit so laut, lockt so attraktiv.

Hier kann diese einfache Fragestellung helfen:

Was passiert, wenn ich in der nächsten Woche/im nächsten Monat/im nächsten Jahr nicht einen 400€-Job anfange, den Keller entrümple oder dem Ortsgemeinderat beitrete?

Und was passiert, wenn ich mich in der nächsten Woche/im nächsten Monat/im nächsten Jahr nicht voll um meine Kinder kümmere, meine derzeitigen Aufgaben als Mutter oder Vater wahrnehme und mich in meine Familie (inklusive Partner) investiere?

Zugegeben, nicht immer sind die Antworten ganz einfach, vor allem, wenn zum Beispiel Finanzen oder unabwendbare Verpflichtungen im Spiel sind. Aber bei vielen Entscheidungen rücken diese beiden Fragen Aufgaben, Angebote und Ansprüche wieder ins rechte Verhältnis.

Und wir dürfen uns voller Selbstachtung, Überzeugung und Gelassenheit wieder auf das Eigentliche besinnen:

dass wir Mama beziehungsweise Papa sind und dass das mit Fug und Recht ein Fulltime-Job ist – und demnach auch so behandelt werden darf!

Gott ist noch nicht fertig

„Gott ist noch nicht fertig!" Dieser Satz, ausgesprochen von einem Kommilitonen während meines Studiums, hat seitdem mein Leben und mein Denken immer wieder geprägt. Und neulich kam er mir zum ersten Mal auch in Bezug auf mich selbst und meine Kinder in den Sinn.

Gott ist noch nicht fertig. Meine Kinder können sehr – nennen wir es – willensstark sein. Am liebsten würden sie über alles diskutieren, immer einen Gegenvorschlag machen und nichts einfach so tun, wie man es von ihnen möchte. Leider sind sie erst zwei und drei Jahre alt und brauchen deshalb hin und wieder doch noch die Lenkung eines Erwachsenen – sprich von mir oder meinem Mann. Aber derjenige, der ihnen helfen oder sie womöglich sogar erziehen möchte, hat es wirklich nicht einfach. Das kann mich an den Rand des Wahnsinns treiben. Bleibe ich in der Situation, fange ich an, mich zu ärgern, aufzuregen, zu schimpfen und

0
1
2
3
4
250
500
750

förmlich die Wände hochzugehen. Warum können sie nicht einfach mal nur stillschweigend und genügsam tun, was man ihnen sagt? In solchen Situationen hilft es mir, meinen Blick einmal zu weiten.

Gott ist noch nicht fertig. Auch mit meinen Kindern hat er noch viel vor und alles, was heute ist und passiert, bereitet sie darauf vor und formt sie. Vielleicht werden sie mal einen Posten bekleiden, in dem ein starker Wille ihnen hilft, sich gegen andere durchzusetzen. Oder sie werden mit Menschen oder Situationen in Berührung kommen, in denen ihr Durchsetzungsvermögen nötig ist, um nicht wie ein Fähnchen im Wind davongeweht zu werden. Ich weiß es heute noch nicht. Aber Gott weiß es. Und aus diesem Blickwinkel kann ich manche ihrer Eigenarten besser tragen und es legt sich ein gewisser Frieden auf mein Empfinden – wenngleich dadurch die konkrete Konfliktsituation nicht wirklich weniger anstrengend wird.

Gott ist noch nicht fertig. Übrigens auch nicht mit mir. Die Situationen, in die ich gerate, die ich meistern muss, die mein Leben prägen – seien sie in der Erziehung oder sonst wo, tragen auch dazu bei, dass ich der Mensch werde, den Gott schon längst in mir sieht. Manchmal frage ich mich, warum die Dinge gerade so sind, wie sie sind, oder warum ich bin, wie ich bin. Vieles fordert mich, manches überfordert mich. Grenzen machen sich schmerzhaft bemerkbar. Gelegentlich scheitere ich und mein Leben scheint nicht mehr in meinen Händen zu liegen.

Wenn sich alles so endgültig anfühlt, dann meist deshalb, weil ich Scheuklappen trage und vergessen habe, dass das Leben größer ist als der Moment, in dem ich feststecke. Nichts passiert aus Versehen. Nichts gleitet Gott aus der Hand. Niemals lässt er mich alleine. Im Gegenteil. Er spricht mir zu: „Mein Plan mit euch steht fest: Ich will euer Glück und nicht euer Unglück. Ich habe im Sinn, euch eine Zukunft zu schenken, wie ihr sie euch erhofft. Das sage ich, der Herr!“ (Jeremia 29,11). Mit anderen Worten:

Er ist noch nicht fertig. Darum bleibt es spannend, was er noch alles mit mir, meiner Familie und unserer gemeinsamen Geschichte vorhat!

Das Leben ist zum Leben da

Es ist Nikolaus. Wir sitzen als Familie bei meinen Schwiegereltern. Gerade haben wir lecker zusammen gegessen, nun sitzen die Enkel in einem Berg von Geschenkpapier, in denen all die Schätze verpackt waren, die der Nikolaus alias Opa aus seinem großen Sack gezaubert hat. Die Kinderaugen leuchten, weil sich heute schon ein paar der Weihnachtswünsche erfüllt haben.

Mich beschleichen etwas sorgenvolle Gedanken: Ist das nicht alles viel zu viel? Wenn wir jetzt schon so ausgiebig Nikolaus feiern, wie soll das erst an Weihnachten werden? Werden es die Kinder verstehen, dass dieser Tag eigentlich nur ein kleines Fest ist? Oder wird der Erwartungsdruck in den nächsten Jahren immer weiter steigen? Ist das der beste Weg, um den Kindern ein gutes Maß für die Dinge zu vermitteln?

Mein Grübeln führt dazu, dass ich unser Beisammensein gar nicht mehr wirklich genießen kann, weil ich viel zu sehr mit der Frage beschäftigt bin, ob es wohl falsch oder dekadent ist, den heutigen Tag so zu zelebrieren.

Doch mitten in meine Gedanken trifft mich ein Ausspruch meiner Schwiegermutter: „Mann, was haben wir es gut! Und ist es nicht toll, wenn man sein Gutgehen einfach mal in vollen Zügen genießen kann – auch wenn der Anlass eigentlich gar nicht so besonders ist? Es kommen sicher auch wieder andere Zeiten, darum lasst uns heute einfach dankbar für heute sein!"

Wie recht sie hat!

Es ist doch ein wunderbares Vorrecht, dass es uns gut geht. Vieles davon ist Geschenk, haben wir uns nicht verdient oder erarbeitet. Aber wir dürfen es genießen.

Denn das muss ja noch lange nicht heißen, dass man diesen Genuss nun zum Standard erhebt, den Rest der weniger beschenkten Welt darüber vergisst oder grundsätzlich maßlos wird. Sich von Herzen einmal darüber zu freuen, wie schön dieses Leben ist und wie liebevoll sich Gott uns auch durch kleine Geschenke und schöne Momente zuwendet, tut unserer Seele gut, richtet unseren Blick auf das Wunderbare mitten im Alltäglichen und kann auch unseren Kindern ein Vorbild dafür sein, dass Wohlstand nicht selbstverständlich, aber durchaus feierwürdig ist!

09

Auf mein Wort ist Verlass?!

„Mama, können wir ein Buch lesen?“

„Jetzt ist es grade schlecht.
Aber wir lesen es später – versprochen!“

Diese Konversation findet so oder in leichten Variationen (wie in etwa: „Zum Spielplatz gehen wir hinterher“, „Die Schokolade bekommst du nach dem Einkaufen“ oder „Nach dem Spülen nehme ich mir die Zeit, dein Bild anzuschauen“) fast täglich bei uns statt.

„Normal“ könnte man denken – und ist auch gar nicht schlimm. Denn sofort geht eben nicht immer und das kann und darf ein Kind auch lernen. Schlimm daran ist aber, dass ich mein Versprechen später meistens nicht einhalte. Das ist kein böser Wille, sondern oftmals ernsthaftes Vergessen – nur das macht es nicht weniger schlimm. Vor allen Dingen, weil Kinder in der Regel eben nicht vergessen! Und so vermittle ich meinem Kind indirekt zweierlei:

1. Auf das, was Mama oder Papa sagen, kann ich mich nicht verlassen

Wir haben ein Versprechen gegeben und uns hinterher nicht daran gehalten. Das klingt etwas hart, bringt die Fakten im Kern aber auf den Punkt. Dass die Sache, um die es ging, nicht so wichtig war, ist dabei übrigens nur unsere Sicht der Dinge. Für ein Kind ist Spielen seine Arbeit und auch eine scheinbare Kleinigkeit nimmt seine volle Aufmerksamkeit ein. Demnach ist es für ein Kind auch schwer einzuschätzen, wann es sich um – in erwachsenen Augen – wirklich existenzielle und von uns sicher ganz ernst gemeinte Versprechen handelt: „Ich werde immer auf dich aufpassen", „Du kannst mit allen Sorgen zu mir kommen", „Ich lasse dich nie alleine", und wann nur um vermeintliche Nebensächlichkeiten, die nicht die volle Sorgfalt verdienen.

2. Ich bin es nicht wert, dass man sich an ein Versprechen mir gegenüber hält

Auch wenn ein Kind noch klein ist, hat es ein Gespür für Wertigkeit. Und je seltener es Zuverlässigkeit und Verbindlichkeit erfährt, desto mehr wird dieser Selbstwert gemindert. Denn offensichtlich – so der Rückschluss des Kindes – scheint sein Wert in den Augen anderer nicht hoch genug zu sein, um sich an das zu halten, was versprochen wurde. Dies ist traurige Realität, auch wenn wir das mit unserem Verhalten niemals ausdrücken wollten!

Sofort geht trotzdem nicht immer. Aber uns später an das Versprechen von vorhin halten – das dürfen wir lernen.

Aus diesem Grund habe ich mit meiner Tochter zwei hilfreiche Ideen entwickelt, wie wir aufgeschobene Dinge nicht vergessen:

TIPP:
Wenn es kleinere Dinge sind, die jetzt in diesem Moment keinen Raum haben, platzieren wir eine Erinnerung daran an einen offensichtlichen Ort. So ist sichergestellt, dass unser Blick später noch einmal darauf fallen wird und wir uns dann damit beschäftigen können.

TIPP:
Wenn es aufwändigere oder zeitintensivere Dinge sind, wie zum Beispiel etwas basteln oder ein Buch lesen, vereinbaren wir einen zeitnahen Termin dafür („Heute vor dem Schlafengehen“ oder „Am Samstag, wenn Papa sich um deinen Bruder kümmert“), den ich mir dann in den Kalender eintrage. So können wir uns beide darauf freuen, dass wir bald ein gemeinsames Date haben!

10

Eltern sind verschieden – und das dürfen sie auch bleiben

Ich habe eine Freundin, die ich sehr mag und deren Lebensstil mit Kind mir gut gefällt. Sie bleibt gelassen, begibt sich beim Reden auf Augenhöhe mit ihrem Kind, tröstet herzlich, lässt sich von ihrem Kind auch mal unterbrechen, klärt Konflikte immer ruhig, rückt mit ihren Bedürfnissen zugunsten der Kinder eher in den Hintergrund und lässt beim Spielen auch das größte Chaos zu, damit sich die Kleinen richtig ausprobieren und entfalten können.

Ich habe eine andere Freundin, die ich auch sehr mag und deren Lebensstil mit Kind mir auch gut gefällt. Es dreht sich nicht immer alles um die Kleinen, sie laufen auch mal nebenher. Sie schafft sich Freiräume, um für sich selbst zu sorgen. Konflikte können auch mal etwas hitziger werden. Und wenn das Kind bockig ist, kann es auch schon mal sein, dass es das mehrere Minuten lautstark kundtut, ohne dass seine missliche Lage gleich

entschärft wird. Es gibt bei ihr deutliche Grenzen, die auch die Bedürfnisse und Wünsche der Eltern mit im Blick haben.

Ich selbst bin mir meines Erziehungsstils nicht immer so sicher, möchte mich gerne weiterentwickeln und mich an Vorbildern orientieren. Und dann denke ich in unterschiedlichen Situationen an meine verschiedenen Freundinnen und überlege, wie sie das Ganze wohl gestalten würden. Tja, aber weil sie eben so unterschiedlich sind, komme ich auch zu grundverschiedenen Ergebnissen. Was also tun? Wen imitieren?

Eins wird mir in solchen Vergleichsmomenten immer besonders deutlich:

Es tut gut, sich auszutauschen, sich Vorbilder zu suchen, Ratschläge anzunehmen. Aber am Ende muss ich mich entscheiden und muss meinen Weg gehen.

Das nimmt mir niemand ab und das ist gut. Ich darf so sein, wie ich bin, wie es zu mir passt, wie ich mich wohlfühle, wie es meinem Wesen entspricht. Ich muss mich nicht verbiegen, um jemand anderer zu sein. Wir dürfen unterschiedlich erziehen und Leben gestalten. Denn wir und auch unsere Kinder sind eben einfach verschieden. Aber Gott hat uns genau in dieser Konstellation zusammengestellt, und das nicht aus Versehen!

Füreinander beten

Gebet ist so verbindend. Bei uns hat sich ein wunderschönes Ritual eingebürgert: Bevor die Kinder am Abend zu Bett gehen, treffen wir uns alle auf dem Teppich im Kinderzimmer und beten gemeinsam. Zuerst sammeln wir unsere Anliegen und dann darf jeder Gott für die Dinge Danke sagen, die ihm am Tag gefallen haben, und die Dinge hinlegen, die seiner Aufmerksamkeit oder Hilfe bedürfen. So wird für den schönen Nachmittag bei Oma und Opa gedankt, um Heilung für die Schramme am Knie gebetet, sich noch einmal über das neue Buch gefreut, für schönes Wetter am nächsten Wochenende gebetet und die kommende Nacht Gott anbefohlen.

Ich genieße diese Zeiten unglaublich und komme immer wieder ins Staunen, wie wichtig meinen Kindern jetzt schon das gemeinsame Gebet ist. Und ich male mir jedes Mal in Gedanken aus, wie Jesus uns mit einem Lächeln zuhört und zuschaut und auch das kleinste Anliegen ganz ernst nimmt.

Gebet ist so wertvoll. Ich kann die Dinge, die nicht in meiner Macht stehen, mir aber so viel bedeuten, in dessen Hände legen, der alles unter Kontrolle hat. Darum habe ich mir vorgenommen, über das gemeinsame Familiengebet am Abend hinaus regelmäßig für meine Lieben zu beten. Zum Beispiel für meine Ehe und dass Gott uns unsere Liebe in allem Stress und allen Anforderungen bewahrt und erhält. Oder für meine Kinder, dass sie gesund heranwachsen, dass sie richtig geprägt werden, dass sie gute Wege einschlagen, dass sie vor schlimmem Übel bewahrt bleiben. Oder für uns als ganze Familie, dass wir immer füreinander da sind, dass wir einander unterstützen und fördern, dass wir einander lieben und uns gegenseitig guttun.

Gebet ist so befreiend. Wenn ich drohe zu resignieren und mich dann an meinen himmlischen Vater wende, der Vergangenheit, Gegenwart und Zukunft in der Hand hält, kann seine Zuversicht mich wieder aufrichten und Licht am Ende das Tunnels sehen lassen. Wenn eine Situation mich überfordert, aber ich nicht länger auf meine Unfähigkeit, sondern auf Gottes Größe schaue, bekommen alle Dinge eine andere Gewichtung. Im Gebet kann meine Trauer in Freude, meine Mutlosigkeit in Hoffnung, meine Sorge in Frieden und meine Angst in Trost verwandelt werden. Außerdem habe ich in Gott einen Freund, der mit mir lacht, sich mit mir freut, mein Gespanntsein teilt und mir voller Freundlichkeit und Güte alles Glück des Himmels und der Erde gönnt. Was für unglaublich kostbare Goldrand-Momente, wenn ich Gott ganz bewusst begegne!

Das Gebet ist so weitreichend und dabei so leicht im Alltag unterzubringen. Ich muss keine Formeln dafür parat haben, keine rituellen Handlungen einhalten. Ich

kann in jedem Moment, in dem mir etwas auf dem Herzen liegt, damit zu Gott kommen und es mit ihm teilen. Laut oder leise, so, wie mir danach ist. Und dann darf ich erleben, wie mich eine tiefe Ruhe erfüllt, wenn ich spüre, dass mein Anliegen nun in den besten Händen ist und von dem umsorgt wird, der mich liebt, der meine Familie liebt und der den Lauf der Dinge in seinen liebevollen Händen hält.

Das Leben findet jetzt statt

Das Leben stellt uns so einige Fallen. Eine davon ist die „Wenn erst"-Falle. Diese betrifft nicht nur Eltern, aber auch, denn sie sind es, die immer wieder Sätze wie die folgenden formulieren:

Wenn die Kinder erst mal durchschlafen ...
Wenn die Kinder erst mal in den Kindergarten gehen ...
Wenn die Kinder erst mal selbstständiger sind ...
Dann ... ja dann habe ich mehr Zeit, dann kann ich endlich dies und jenes tun, dann bin ich zufriedener, dann ist alles besser.

Dramatisch ist, dass der „Wenn erst"-Modus eine Endlosschleife ist. Denn wenn mein Kind endlich durchschläft, träume ich bereits davon, was ist, wenn es etwas länger schläft. Und wenn mein Kind schließlich in den Kindergarten geht, mache ich schon Pläne für die Zeit, wenn es in die Schule kommt.

Im Wesentlichen birgt der „Wenn erst“-Modus jedoch drei verheerende Fallen:

1. Er lässt mich den Moment verpassen.

Wenn ich in Gedanken immer schon im Morgen bin, bekomme ich gar nicht mit, was jetzt gerade um mich herum passiert. Dass die Sonne scheint. Dass der Kaffee vor mir lecker ist. Dass der Babysitter für heute zugesagt hat und ich mit meinem Partner zum Italiener gehen werde. Ich schaue wie durch ein Fernglas in die Zukunft, laufe dabei aber blind an allem vorbei, was heute meinem Herzen guttun will.

2. Er lässt mich mit dem Jetzt unzufrieden sein.

Auf der anderen Seite scheint das Gras immer grüner zu sein – nichts Neues. Ergo: Mein Gras ist wohl weniger grün, weniger saftig, weniger ansehnlich. Und schon suhle ich mich in der Unzufriedenheit und bin mir sicher, dass das Leben oder Gott es mit mir derzeit nicht gut meint.

3. Er lässt mich in einer Scheinwelt leben.

„Wenn erst ... dann ist alles besser“ ist leider großer Blödsinn. Sicher werden sich in ein paar Monaten oder Jahren Probleme von heute gelöst haben. Aber dann kommen andere. Andere Herausforderungen. Andere unerfüllte Sehnsüchte. Andere Sorgen. Und am Ende wünsche ich

12
1
2
3
4
5
6
7
8
9
10
11

mir vielleicht sogar vergangene Stunden zurück mit der Überzeugung: Damals war doch alles besser.

Richtig ist:

Das Leben findet jetzt statt. Und wir dürfen es in allem Trubel und allen Sehnsüchten wahrnehmen.

Spüren. Sehen. Leben. Intensiv. Aufmerksam. Ungeteilt. Das ist die Kunst. Die Bibel sagt: „Alles hat seine Zeit“ (Prediger 3,1). Das Heute heute und die Zukunft in der Zukunft.

13

Sich hinterfragen hilft, sich zermürben nicht

„Uff. Da trägst du aber eine ganz schöne Last mit dir herum!"

Gerade habe ich meiner Freundin davon erzählt, dass ich mir ernsthaft Sorgen mache, ob ich im Umgang mit meinem Sohn einen Fehler mache. Er heischt so sehr nach Aufmerksamkeit, dass ich mir vorwerfe, ihn in letzter Zeit zu wenig beachtet zu haben. Oder aber habe ich ihm vielleicht zu viel Aufmerksamkeit zuteilwerden lassen oder für die falschen Dinge? Die Fragen nagen an mir und die Angst wächst, gerade unwissentlich einen Fehler zu begehen, der sich aber nur noch schwerlich wiedergutmachen lassen wird. Ich weiß nicht mehr weiter.

Da tun die Worte meiner Freundin richtig gut. „Du, leg deine Sorge bei Gott ab. Er wird dir die Weisheit schenken, die du brauchst, um für dich und dein Kind den richtigen Weg zu wählen. Außerdem lässt sich für viele Verhaltensweisen von Kindern oft gar nicht wirklich eine Ursache finden. Das sind Phasen, durch die sie und wir mit ihnen durchmüssen. Sie entwickeln sich weiter, stoßen an ihre Grenzen und müssen mit sich und der Welt immer wieder neu ins Reine kommen."

Nach einigen Wochen erweist sich der Rat meiner Freundin wirklich als wahr. Der Aufmerksamkeitskampf meines Sohnes ist so abrupt wieder vorbei, wie er angefangen hat. Es war eben eine Phase.

Ich habe aber aus diesem Erlebnis etwas Wichtiges gelernt: Mich zu hinterfragen ist eine gute Sache. Schließlich bin ich kein Erziehungsprofi, mache Fehler und kann meine Grenzen immer wieder erweitern.

Mich aber durch Selbstzweifel und Selbstanklagen regelrecht an die Wand zu stellen hilft niemandem.

Weder komme ich auf diesem Weg auf eine gute Lösung, noch kann ich mit kühlem Kopf und der nötigen Gelassenheit sinnvolle Entscheidungen treffen.

Darum habe ich mich für einen Gedankenstopp entschieden, wenn es mal wieder der Pädagogik-Vernichtungsmechanismus auf mich abgesehen hat. Stattdessen warte ich entweder eine Weile ab (wenn die Situation es zulässt) oder suche mir wirklich fachkundige Hilfe (zum Beispiel bei einer Erzieherin im Kindergarten), um das Problem mit dem nötigen Hintergrundwissen beurteilen zu können.

14

Der meiste Stress ist guter Stress

Das Telefon klingelt, die Windel ist voll, der Briefträger hat ein Paket abzugeben und das Töchterchen möchte soooooo gerne jetzt das Puzzle aus der obersten Schublade haben. Eine Stress-Momentaufnahme mit Teleobjektiv. Doch auch mit Weitwinkelobjektiv und Langzeitbelichtung ist das Leben nicht viel entspannter. Die Steuererklärung drängt, der Chef traut uns ein großes Projekt zu, das aber auch einiges an Mehrarbeit bedeutet, die Fliesen für den Neubau wollen ausgesucht werden und der Kindergarten fragt an, ob man nicht in den Elternbeirat kommen möchte. Wir hetzen und rennen und machen und tun und - klagen.

Es wird zu viel von uns verlangt, wir haben zu wenig Zeit, der Druck ist zu hoch. Da ist eine ganze Menge Wahrheit dran. Es ist unbestritten, dass das Leben als junge Familie zwischen Kindern, Job, Haus, Freizeit und alltäglichen Anforderungen eine hohe Taktfrequenz hat.

Doch manchmal verlieren wir etwas ganz Entscheidendes aus den Augen: Die Dinge, die uns ohne Frage viel Zeit und Kraft kosten, sind an sich aber meistens sehr positiv.

Da ist die Arbeit. Wie gut, dass ich eine Arbeit habe und mir und meiner Familie etwas gönnen kann.

Da sind die Kinder. Was für ein Segen, (gesunde) Kinder haben zu dürfen.

Da ist der Hausbau. Was für ein Geschenk, in der Lage zu sein, ein eigenes Heim zu errichten.

Da ist ein Gremium, in dem ich mich engagiere. Eine tolle Möglichkeit, mich mit meinen Gaben einzubringen und mein Umfeld positiv zu prägen.

Da ist die Gemeinde, in der ich mitarbeite. Was für ein Vorrecht, zur Familie Gottes gehören zu dürfen.

Es ist unbestritten, dass es im Leben ein „Zuviel" gibt. Aber das wird durch Klagen auch nicht weniger. Hier gilt es, beherzt Schritte zu gehen, um den Stress und die Anforderungen zu minimieren – wenn nötig auch mit Hilfe von außen.

Alles andere wird aber von jetzt auf gleich viel bunter, schöner, besser, kraftspendender, wenn ich ganz neu in den Blick nehme, wie überraschend viel Gutes in diesen Dingen steckt!

Gott ist auch ein Gott für kleine Wunder

In einer christlichen Zeitung habe ich gelesen, dass jemand einen Tumor hatte und er durch Gebet geheilt wurde. Meine Freundin erzählte mir neulich, dass sie Gott um Geld gebeten hat und am nächsten Tag lag ein namenloser Umschlag mit 500 Euro in ihrem Briefkasten.

Wow! So was lässt mich staunen. Wirklich. Und manchmal wünsche ich mir auch, mal ein solch spektakuläres Wunder zu erleben. Aber ganz unter uns:

In meinem Leben gibt es viel eher die 3.984.287 winzigen Durchschnittsmomente, in denen ich ein Wunder brauche. Ein Alltags-Überlebens-Wunder.

Zum Beispiel dann, wenn wir in den Zoo wollen und Regen gemeldet ist. Oder wenn ich geplant habe, während der Mittagsschlafpause meines Sohnes eine Menge To-dos abzuhaken, er aber quietschfidel ist. Oder wenn mir zu Hause mit den Kids die Decke auf den Kopf fällt, meine Freundin aber leider keine Zeit für uns hat.

Oder wenn um 4:37 Uhr das fünfte Mal in dieser Nacht Weinen durch das Babyfon dringt. Oder wenn ich partout den Schnuller meiner Tochter nicht finden kann. Oder, oder, oder.

„Kauft man nicht fünf Spatzen für zwei Groschen? Und doch kümmert sich Gott um jeden Einzelnen von ihnen. Doch bei euch ist sogar jedes Haar auf dem Kopf gezählt" (Lukas 12,6–7).

Wow! Das lässt mich auch staunen. Gott ist offensichtlich ein Gott für die Details. Nicht nur für beeindruckende und schlagzeilenträchtige Hammerwunder, sondern auch für meine kleinen Normalo-Bedürfnisse. Er kennt die Anzahl der Haare auf meinem Kopf. Wie viel mehr interessiert er sich dann doch auch für meine Hoffnungen, Engpässe, Wachstumsbereiche, Wünsche und Notsituationen!

Gott ist ein allmächtiger, unfassbarer Gott. Alles steht in seiner Macht, alle Macht liegt in seiner Hand. Und diese Tatsache umfasst auch mich und mein Elternleben mit allen Facetten. Nichts ist ihm zu unbedeutend, nichts entgleitet seinem Blick. Dieses Wissen tut unendlich gut. Und mit seinen Wundern mitten in meinem Leben zu rechnen – wo auch immer ich es brauche – eröffnet ungeahnte Perspektiven!

16

Sich von der Liebe unterbrechen lassen

Ich habe mich selbst überlistet. Und meine Tochter war meine Komplizin!

Dazu muss man wissen, dass ich eher der zielorientierte und planende Mensch bin, was ja nicht verkehrt ist, um sein Leben halbwegs strukturiert auf die Reihe zu kriegen. Aber ich kann mich in meinen Plänen und Zielen zeitweise verlieren. „Erst die Arbeit, dann das Vergnügen“, tönt dann der große Slogan in meinem Kopf.

Wäre ich alleine, wäre das nicht wirklich schlimm. Die Einzige, die unter mir leiden müsste, wäre ich selbst. Aber nun ist da ja noch meine Familie, die ich von ganzem Herzen liebe. Dies zeige ich ihnen auf unterschiedlichste Weise: vom Wäschewaschen über das Gute-Nacht-Geschichten-Vorlesen bis hin zum Planen schöner Nachmittagsaktivitäten.

Allerdings sind sich mein Mann und meine Kinder in einer Sache einig: Sie brauchen noch eine etwas auf andere Weise geäußerte Liebe. Handgreifliche Liebe. Im besten Fall in Form einer Umarmung und eines Kusses

– und im allerbesten Fall immer wieder, spontan, zwischendurch, überraschend.

Ich muss sicher nicht groß erklären, dass mir das gar nicht so leichtfällt. Denn das lässt sich nicht planen und kann mich in meinen Plänen sogar ungünstig unterbrechen. Und so bin ich selten der Initiator solch unvermittelter Liebesausdrücke – obwohl ich jedes Mal merke, dass mir so eine Mittendrin-Umarmung oder ein Plötzlich-Kuss total guttun, wenn ich sie von meinem Mann oder meinen Kindern bekomme.

Und hier nun die Lösung meines Dilemmas:

Ich engagierte meine Tochter als Liebesbotschafterin.

Ich habe ihr erklärt, wie dringend auch ich Küsse und Umarmungen brauche, aber dass ich das immer wieder vergesse. Und ob sie mich einfach daran erinnern könnte, indem sie mich hier und da und dort damit versorgt.

Von dieser Verantwortung geehrt und motiviert war sie gleich in ihrem Element. Als wir kurz darauf ins Auto steigen wollten, sagte sie plötzlich: „Stopp – Umarmung", und fiel mir kurz um den Hals. Solche Situationen wiederholen sich seitdem regelmäßig und überall, ungeachtet meiner Pläne. Die werden dafür kurz unterbrochen – aber wir alle werden dadurch beschenkt und die Liebestanks immer wieder aufgefüllt!

17

Lernen, was es heißt, Kind Gottes zu sein

Meine Tochter und ich haben einen heftigen Streit. Sie will etwas, ich will das aber nicht, sie lässt nicht locker, ich werde lauter, sie stampft auf den Boden, ich drohe Konsequenzen an, sie motzt, ich schicke sie in ihr Zimmer, sie verlässt heulend und schreiend den Raum, ich schimpfe vor mich hin, sie knallt die Tür, ich ärgere mich über den Verlauf der ganzen Situation und grummle innerlich weiter.

Nach cirka fünf Minuten geht die Küchentür wieder auf und meine Tochter fragt mich ganz ausgeglichen und fröhlich, ob wir gleich zusammen ein Puzzle machen können. Ich gucke sie mit großen Augen an: Haben wir nicht eben noch aufs Heftigste miteinander gestritten? Klingt das denn nicht noch in ihr nach so wie in mir? Gibt es da keinen Rest-Ärger mehr auf mich, die gemeine Mama, die ihr ihren Wunsch nicht erfüllen wollte? Muss das alles nicht erst aufgearbeitet werden, damit wir uns wieder versöhnt und in Frieden neuen

Dingen zuwenden können? Scheinbar nicht. Für sie geht das Leben weiter. Sie trägt nicht nach. Sie verkompliziert nicht. Was eben war, war eben. Jetzt ist jetzt. Und jetzt würde sie gerne mit ihrer Mama etwas spielen.

Mir kommt ein Satz aus der Bibel in den Sinn: „Werdet wie die Kinder." Echt? Genau so? Na ja, vielleicht muss ich nicht unbedingt mit dem Fuß stampfen und die Tür knallen – wobei auch das bei Gott erlaubt ist, wenn mir mal danach ist. Er kann das verkraften!

Im Wesentlichen heißt vor Gott Kind zu werden aber, dass ich dazu eingeladen bin, Dinge nicht komplizierter zu machen, als sie sind.

Ich darf so sein, wie ich bin. Ehrlich. Offen. Masken- und schutzlos. Und ich darf das Jetzt leben. Ohne Wiedergutmachungsversuche der Vergangenheit, die sowieso zum Scheitern verurteilt sind. Ohne detailliert ausgearbeiteten Zukunftsplan, der sich krampfhaft bemüht, allen Fehlern schon im Vorfeld vorzubeugen.

Und ich darf anfangen, mich frei zu fühlen. Von Leistungsdruck. Von Verdiensten. Von angestrebter Perfektion. Eben wie ein Kind. Gott sorgt für den Rest. Denn er hat diesen Vergleich ja nicht umsonst ausgewählt. Und er nennt sich auch nicht umsonst unseren liebenden Vater. Er weiß doch, dass wir nicht immer alles richtig machen. Dass wir noch viel lernen können. Dass wir mal scheitern. Dass wir sogar mal etwas richtig verbocken werden. Aber er bleibt unser Vater. Hier bei ihm dürfen wir zur Ruhe kommen. Um Vergebung bitten. Neue Kraft schöpfen. Kuscheln. Uns mal ausweinen. Wieder lernen zu spielen. Die Dinge leichter zu nehmen. Er gibt

uns all das, was wir unseren Kindern gerne geben. Und weit mehr darüber hinaus – weil seine Liebe unendlich und unerschöpflich ist.

Die Situationen am Tag, die mich in meinem Elternsein daran erinnern, was es im Detail heißt, Kind Gottes zu sein, und die mich herausfordern, mich auch so zu verhalten, sind fast zahllos. Da sind meine Kinder meine Lehrer. Und ich habe noch viel zu lernen. Doch durch diese Schule zu gehen ist mein größter Gewinn!

Gute Vorbilder braucht das Kind

Bei uns kommt manchmal alles zusammen: Tür und Telefon klingeln gleichzeitig, dann verletzt sich mein Sohn und weint und zur Krönung möchte meine Tochter im selben Moment, dass ich ihr eine Schleife binde. Dann entweicht mir oft der genervte und im Ansatz verzweifelte Kommentar: „Ich kann nicht alles auf einmal!“

Neulich wollte ich, dass meine Tochter zum Essen kam, und so rief ich ihren Namen durch die Wohnung, ohne zu wissen, was sie gerade machte. Zuerst kam keine Reaktion, doch dann hörte ich ein leicht genervtes Stimmchen von der Toilette: „Mama, ich kann nicht alles auf einmal!“

Im Imitieren sind Kinder einsame Spitze. Sie tragen Papas Schuhe, benutzen Mamas Lippenstift und ahmen Opas Sprüche nach.

In vielen Momenten sorgt dies für herzhafte Lacher. Manchmal bekommt man als Elternteil aber auch sehr unsanft den Spiegel vorgehalten – nämlich dann, wenn die Kleinen plötzlich Verhaltensweisen und Tonfälle annehmen, die uns an ihnen überhaupt nicht gefallen, die sie aber ebenfalls von uns übernommen haben.

Es gibt Dinge, die dürfen Erwachsene ihren Kindern gegenüber – zum Beispiel schimpfen oder sie erziehen. Hier hat Imitation seitens der Kleinen nichts zu suchen, denn andersherum funktioniert das nicht und das kann man Kindern auch deutlich vermitteln. Es gibt aber auch Dinge, die Eltern besser gleich bleiben lassen sollten (dazu zählen zum Beispiel Schokolade vor dem Essen zu essen oder zu fluchen), wenn sie sich nicht auf lange Diskussionen mit ihren Kindern einlassen wollen und möchten, dass ihre Kinder sich diese Angewohnheiten oder Aussprüche nicht zu eigen machen.

Lernen hat ganz viel mit Imitation zu tun. Wir sind für unsere Kinder Vorbilder und was sie an uns sehen, halten sie erst einmal für gut und richtig.

Deswegen tun wir gut daran, uns auf den Prüfstand zu stellen und unser Verhalten, Reden und unseren Umgang (beispielsweise mit Besitz, Zeit oder Geld) wirklich mal auf die Prädikate gut und richtig hin zu überprüfen. Und wenn dieses oder jenes dabei durchfallen sollte, sind wir herzlich dazu eingeladen, uns zu ändern. So haben uns unsere Kinder indirekt doch erzogen – aber nur zu unserem (und ihrem) Besten!

19

Wer müde und ausgepowert ist, ist nicht er selbst

Ich bin eigentlich ganz anders – ich komme nur immer seltener dazu. Da war zum Beispiel die Sache mit dem Fahrradhelm. Mein kleiner Sohn wollte ihn partout nicht absetzen. Macht ja eigentlich auch nichts. Wenn es ihn nicht stört, mit dem Ding durch die Wohnung zu laufen – bitte schön, soll er doch. Aber anstatt ihn zu lassen, habe ich mich vor ihm aufgebaut, ihn angebellt, er solle das bescheuerte Teil jetzt aber sofort abnehmen, und wenn ich ihn in drei Sekunden immer noch damit sehen würde, wäre das Sandmännchen für heute gestrichen und der Fahrradausflug morgen sowieso und überhaupt ...

Klassische Überreaktion mag man nun diagnostizieren. Stimmt. Aber so was passiert mir eigentlich selten, denn ich mag nicht schreien und ich möchte auch eigentlich der Situation angemessen reagieren. Eigentlich. Aber in mir gibt es wohl eine Art defekte Sicherung, die dauernd durchbrennt. Warum nur?

Weil ich zurzeit sehr müde bin. Und ausgepowert. Die Kinder schlafen schlecht (und demnach die Eltern auch) und unsere Tage sind angefüllt mit Hunderten kleiner und großer Herausforderungen – vom Job über den Hausbau bis hin zur Kindergartenein- und der Windelabgewöhnung.

Ich kann nicht mehr. Nicht mehr geduldig sein. Gut gelaunt. Verständnisvoll. Jedenfalls nicht mehr so gut. Ich bin müde und kraftlos – und darum benehme ich mich müde und kraftlos. Das war für mich eine Erkenntnis, die Gold wert ist. Denn eigentlich bin ich wirklich nicht so. Und will auch nicht so sein. Aber wer müde und kraftlos ist, ist einfach nicht er oder sie selbst. Darum tun wir gut daran, wieder wir selbst zu werden.

Wir brauchen eine Quelle.

„Aber alle, die auf den Herrn vertrauen, bekommen immer wieder neue Kraft, es wachsen ihnen Flügel wie dem Adler. Sie gehen und werden nicht müde, sie laufen und brechen nicht zusammen" (Jesaja 40,31). Gott ist der Tank, an den wir uns anschließen dürfen. Der unsere Ressourcen übervoll macht. Der nie leerläuft. In ihm und mit ihm werden wir wieder – oder zum ersten Mal – zu dem Menschen, der wir sein sollen.

Wir brauchen Oasen.

Ein Kinobesuch. Ein ausgiebiges Bad. Ein romantisches Abendessen mit unserem Partner. Ein ruhiger Ausschlafmorgen. Diese Oasen dürfen wir uns schaffen. In Absprache und unter Zuhilfenahme anderer. Sie dürfen uns auch etwas kosten. Denn sie sind kostbar. Für uns und damit auch für unser ganzes Umfeld!

Familien brauchen einen Bodyguard

Ich weigere mich, mit Zahlen und Statistiken schwarzzumalen. Trotzdem ist es ein Kennzeichen unserer Zeit, dass Ehen auseinandergehen, Patchworkfamilien auf dem Vormarsch sind und auch in intakten Familien Stress, Streit und Schweigen an der Tagesordnung sind.

Neben allen psychologischen Rückschlüssen und soziokulturellen Erkenntnissen, die man dadurch sicher gewinnen kann, beinhalten diese Tatsachen für mich aber vor allem eine ganz deutliche Aussage: Die Familie ist umkämpft.

Nicht umsonst setzen Verbrecher in Filmen immer bei der Ehefrau oder den Kinder an, wenn sie den Hauptdarsteller schwächen oder möglichst wirksam unter Druck setzen wollen. Jetzt leben wir zwar nicht in einem Hollywoodstreifen, aber unter Beschuss stehen wir allemal – auch wenn uns das oft gar nicht so bewusst ist.

Es gibt jemanden, der ganz stark etwas dagegen hat, dass die Liebe siegt, dass Familien in Frieden und Harmonie leben, dass es gesunde und dadurch extrem kraftvolle Ehen gibt.

Diesen Jemand nennt die Bibel den Diabolos – den Durcheinanderbringer –, der sich auf die Fahnen geschrieben hat, Unruhe zu stiften und zu zerstören, was Gott in eine Ordnung gestellt hat. Auch wenn das jetzt fast doch schon ein bisschen nach Hollywoodstreifen klingt, tun wir gut daran, diese Gedanken nicht zu verdrängen, sondern im Hinterkopf zu behalten. Denn schon in der Bibel lesen wir:

„Seid besonnen, seid wachsam! Euer Feind, der Teufel, streift umher wie ein brüllender Löwe, immer auf der Suche nach einem Opfer, das er verschlingen kann" (1. Petrus 5,8 NGÜ).

Nein, der Teufel lauert nicht hinter jedem Busch. Und ängstlich und verschreckt durchs Leben zu schleichen ist auch absolut nicht nötig.

Schließlich haben wir einen Gott auf unserer Seite, der den Sieg schon längst errungen hat und dessen Kraft unendlich viel größer ist.

Diesem Gott und seinem Schutz dürfen wir uns und unsere Familie an jedem Tag unterstellen. So setzen wir ein Zeichen der Liebe in dieser Welt und lassen den Bösen – wie im Film – am Ende ganz schön alt aussehen!

Meine Kinder sind Unikate

Ich rüge meine Tochter (3 Jahre):
„Madita, sei nicht so frech."

Daraufhin antwortet sie völlig unschuldig: „Ich bin gar nicht frech, Mama. Das sieht nur so aus."

Typisch meine Tochter. Sie hat den Schalk im Nacken, immer das letzte Wort und sorgt für viele Lacher. Mein Sohn (1 ¾ Jahre) steht dem in nichts nach. Auch er hat jede Menge Charme, den er treffsicher einzusetzen weiß, und kann auch ohne Worte so manchen Witz reißen.

In solch lustigen, herzerfrischenden Momenten könnte ich meine Kinder und die ganze Welt gleich mit umarmen.

Was für ein Geschenk, dass ich genau sie – mit ihrem Charakter, ihrem Humor und ihrer Einzigartigkeit – haben darf.

Allerdings können meine Kinder auch ganz anders. Sie können sich eine halbe Stunde schüchtern an mein

Bein klammern, wenn wir an einen für sie unbekannten Ort kommen. Sie können bockig Gläser durch die Wohnung schmeißen. Sie können sich Nudeln mit Hackfleischsoße zu Mittag wünschen und dann drüber meckern, wenn ich es wirklich koche. Sie können sich in die Hose machen, nur weil sie zu faul sind, aufs Klo zu gehen.

In solchen Momenten kommen mir oft Bilder von lieben, höflichen, fröhlichen, zufriedenen, hochglanzartigen Kindern in den Sinn. Warum können meine Kinder nicht so sein?

Ausgeglichen und genügsam? Dauersonnenscheine? Für die man sich nie schämen muss, weil sie jeden mit ihrem Wohlerzogensein beeindrucken?

Und ganz schnell sind die Gedanken dann auch bei mir: Habe ich etwas falsch gemacht? War meine Erziehung zu lasch? Wären meine Kinder besser, wenn ich in entscheidenden Momenten anders gehandelt hätte?

Nein. Meine Kinder sind so, wie sie sind, meine Kinder. Und genau so sind sie richtig. Sicher, sie verhalten sich nicht immer richtig. Ich verhalte mich auch nicht immer richtig. Aber sie sind ein Komplettpaket von Charakterzügen, Angewohnheiten, Verhaltensweisen, Gefühlen und Eigenschaften. Manches davon hat die Erziehung geprägt, anderes ist ihr ganz ureigenes Wesen, das es zu entdecken, zu akzeptieren und zu lieben gilt. Nicht immer ist das einfach. Aber immer ist das wichtig. Denn geliebte Menschen können sich selbst annehmen und sich gleichermaßen auch entwickeln und reifen.

Gottes Welt und meine Welt im Einklang

„Ich muss auch echt noch mal ein eher geistliches Kapitel schreiben. Oder wenigstens eins, was am Ende eine fromme Kurve kriegt.“ Dieser Satz wabert durch meinen Kopf, als ich Ideen für weitere Texte für dieses Buch sammle.

Beim längeren darüber Nachdenken wird mir etwas bewusst: Für mich ist das alltägliche Leben mit meinen Kindern, meinem Haushalt und meinen sonstigen Aufgaben oft von meinem Leben mit Gott getrennt. Das eine teilt mit dem anderen nur wenige Berührungspunkte und so fällt es mir oftmals auch schwer, die beiden Leben gleichsam ausgeprägt zu leben beziehungsweise miteinander in Einklang zu bringen. Manchmal baut sich dann ein gewisser Druck in mir auf, der ähnlich dem Gedanken über das nächste Buchkapitel beschrieben werden kann: „Ich muss echt noch mal ein geistliches Lebenskapitel schreiben. Oder wenigstens ein Alltagskapitel, was am Ende eine fromme Kurve kriegt.“

Manchmal klappt das sogar für eine Weile ganz gut. Ich lese ein gutes geistlich inspirierendes Buch. Neben den Gebeten vor dem Essen schaffe ich sogar noch eines vor dem Schlafengehen. Und statt Radio höre ich beim Kochen eine Lobpreis-CD, die mich fröhlich stimmt.

Manchmal wird aber auch ein richtiger Krampf daraus. Ich starre abends im Bett noch fünf Minuten mit schweren Augen in meine Bibel, bevor ich darüber einschlafe. Im Gottesdienst kann ich mich nicht konzentrieren, obwohl ich mir so fest vorgenommen hatte, mich dort für die nächste Woche stärken zu lassen. Stattdessen gehe ich frustrierter nach Hause, als ich gekommen bin.

Kann es denn sein, dass Christsein als Elternteil nur so funktioniert? Als Jonglage-Akt zwischen den Welten?

Zeitweise vielleicht. Aber Gott ist der Gott des Lebens. Darum ist er mitten im Leben. Und genau dort darf ich ihm auch begegnen. Er hat keine To-do-Liste für mich, auf der einige fromme Übungen stehen, die ich neben meinen sonstigen Aufgaben auch noch abhaken muss. Ich muss ihn nicht zufriedenstellen. Ich darf mit ihm rechnen. Am Wickeltisch, auf dem Weg zur Arbeit oder beim Kinderturnen. Denn genau das ist seine Welt!

Wichtigkeit *light*

Da stand ich also – mit Schokopudding im Gesicht, auf dem T-Shirt und überall – und hätte gerne anders gekonnt. Aber das Schicksal – oder meine Kinder – hatten mir übel mitgespielt. Ihren Schabernack mit mir getrieben. Unverschämtheit! Aber im Grunde auch einfach zum Brüllen komisch.

Was überhaupt passiert ist? Eigentlich nicht viel. Wir haben zu Mittag gegessen. Erst Nudeln mit Soße, zum Nachtisch dann Schokopudding. Meine Kinder waren während der ganzen Zeit quietschvergnügt und schaukelten sich mit ihrer guten Laune gegenseitig hoch. Was dem einen einfiel, machte der andere gleich nach. Immer neue Ideen, immer neuer Blödsinn.

Ständig war ich bemüht, die Sauereien im Rahmen zu halten und den beiden ein bisschen gutes Benehmen beim Essen abzuverlangen. Erfolg hatte ich damit wenig, was nicht grade zu guter Laune auf meiner Seite beitrug. Dann die Premiumidee meiner Tochter: den Schokopudding aus dem Schälchen lecken. Mein Sohn – seinerseits den Mund bis zum Anschlag voller Scho-

kopudding – prustete los vor Lachen und besprenkelte dadurch mich und die Küche von oben bis unten mit der braunen Süßspeise.
Für eine Millisekunde herrschte gespanntes Schweigen. Doch schon im nächsten Moment konnten meine Kinder nicht mehr an sich halten und bogen sich vor Lachen.

Ich war nicht weit davon entfernt, für die Übeltäter drei Monate Stubenarrest kombiniert mit lebenslangem Spülmaschineausräumen und sieben Jahren Schokopuddingverbot zu verhängen.

Wo sollte das denn hinführen? Wenn ich das jetzt durchgehen ließ, würden sie mir in Zukunft ständig auf der schokoladenverschmierten Nase herumtanzen und nur noch machen, was sie wollen. Ich musste durchgreifen, davon war ich überzeugt. Denn Erziehung ist so wichtig!

Doch dann nahmen meine Gedanken eine andere Wendung: Oder ist Lachen nicht vielleicht manchmal noch wichtiger? Und bin ich hin und wieder nicht viel weniger wichtig, als ich mich selbst nehme? Und könnte es sein, dass aus meinen Kindern tatsächlich doch noch was wird, wenn ich mich ihrem Freudenjubel einfach anschließe und wir anschließend gemeinsam lachend die Sauerei beseitigen? Ein Versuch wäre es auf jeden Fall wert. Denn Leichtigkeit zu proben, das tut allen Beteiligten gut und das ist auf jeden Fall für mich wichtig!

24

Neue Standards definieren – neue Qualität genießen

Ein Kind zu bekommen verändert das ganze Leben. Nicht dass das wirklich neu wäre – aber das Ausmaß dieser Tatsache wird einem leider doch erst dann bewusst, wenn man mitten im Alltag von der neuen Realität eingeholt wird.

Da ist zum Beispiel die Sache mit dem Wochenende. Nicht dass ich eine exzessive Ausschläferin wäre. Aber den Freitag- oder Samstagabend ein bisschen länger zu genießen, weil man am nächsten Tag ja nicht so früh rausmuss wie unter der Woche, ist ein festes Denkschema in meinem Kopf. Diese Wahrheit gilt allerdings heute leider längst nicht mehr. Denn meinem Sohn ist es total egal, welcher Wochentag auf dem Kalender steht. Er ist in der Regel spätestens um 5:45 Uhr ausgeschlafen und gespannt auf alles, was der Tag heute so bringen wird!

Oder das gemütliche Abendessen. Wie gerne sitze ich nach getaner Arbeit ausgiebig und gemütlich am Abendbrottisch, höre und erzähle, was während des Tages so alles erlebt wurde, und tanke meine entleerten Kraftreserven mit leckeren Häppchen wieder auf. Meine Kinder sehen das allerdings anders. Sie haben abends oft gar nicht mehr viel Hunger, sind schon ziemlich nörgelig, weil müde, und wollen sowieso viel lieber das Sandmännchen sehen.

Nun gibt es für mich zwei Möglichkeiten: Entweder, ich ärgere mich an jedem Tag, an dem ich eigentlich ausschlafen könnte, an jedem Abend, an dem ich eigentlich gemütlich essen möchte, und zu jeder anderen Gelegenheit, die ich bisher eigentlich ganz anders genossen habe. Oder ich entscheide mich dazu, meine Standards neu zu definieren und einige Deals mit meinen Kindern auszuhandeln.

Dass nicht mehr drin ist, dass ich bis 9 Uhr schlafe, ist klar – aber vielleicht bis 7:30 Uhr. Bis dahin dürfen die Kids eine CD hören oder auch mal eine DVD schauen und lassen uns dafür in Ruhe.

Und dass das Abendessen sicher keine volle Stunde dauern kann, ist auch nicht verwunderlich. Doch dass alle so lange sitzen bleiben, bis Mama und Papa wenigstens eine Scheibe Brot gegessen haben und jeder kurz sein Highlight des Tages zum Besten gegeben hat, ist ein guter Kompromiss.

So kann es ganz leicht dazu kommen, dass ich zumindest im Ansatz wieder einmal das Gefühl bekomme, ausgeschlafen und in Ruhe zu Abend gegessen zu haben!

25

Besondere Momente verdienen eine Schatzkiste

Neulich bot sich mir in der Küche folgendes Bild: Meine Tochter Madita (3 ½) stand vor ihrem kleinen Bruder Linus (1 ¾) und fragte ihn: „Sollen wir Freunde sein?" Linus nickte, woraufhin mir Madita strahlend berichtete: „Mama, der Linus und ich, wir sind jetzt Freunde." Als sie dann die Küche verließen, legte sie ihren Arm um Linus` Schulter und betonte noch einmal aus tiefstem Herzen und mit fester Stimme: „Linus, ich bin so froh, dass wir jetzt Freunde sind!"

Das war ein Herzensmoment für mich, der sich tief in meine Seele eingebrannt hat. Doch ich befürchte, so schön er auch war, es werden zum einen ganz andere und weniger harmonische Momente kommen und zum anderen wird diese Szene in meiner Erinnerung mit den Jahren an Farbe und Intensität verlieren. Das bringt die Zeit einfach mit sich …

Um diesem Vergessen entgegenzuwirken, haben wir eine Keepsake-Box (zu Deutsch: eine Andenkenbox)

angelegt. In dieser sammeln wir alles, was uns an schöne Momente, besondere Meilensteine, wunderbare Erlebnisse und kleine Kostbarkeiten erinnert. Ein Zettel, auf dem ich den Freundesbund meiner Kinder schriftlich festgehalten habe, liegt auch darin. Außerdem ein Zertifikat meiner Tochter, das ihren Mut bestätigt, dass sie in Kanada über die Capilano Suspension Bridge gelaufen ist. Und die erste Haarsträhne, die ich meinem Sohn abgeschnitten habe. Und die Outfits, die meine Kinder trugen, als sie nach der Geburt aus dem Krankenhaus kamen. Und ein Foto vom ersten Kindergartentag. Und noch so vieles mehr …

Momente kommen und gehen. Leider sprechen negative Erlebnisse dreimal lauter als positive. Wie gut tut es da, sich immer mal wieder die Keepsake-Box hervorholen zu können, durch die verschiedenen Andenken zu stöbern und sich (alleine, mit dem Partner oder auch mit den Kindern) die Momente und Geschichten noch einmal vor Augen zu malen, die so besonders kostbar und einzigartig waren!

Manchmal liegt's einfach an mir

Wenn ich meiner Tochter einen Vorschlag mache, kann ich zu 99 Prozent sicher sein, dass sie mir einen Gegenvorschlag machen wird. Es ist völlig egal, ob es dabei um die Auswahl ihrer Socken oder die Nachmittagsbeschäftigung geht. Einfach mal nur Ja sagen, kann sie, glaube ich, nicht.

Jetzt könnte ich das einfach so hinnehmen und mich sogar noch darüber freuen, dass sie sehr kreativ und willensstark ist und sich nicht so leicht beeinflussen lässt. Doch das fällt mir schwer. Beim längeren Hinschauen ist mir auch der Grund dafür klar geworden: Ich selbst bin hier ganz eindeutig das Problem. Denn ich nehme ihre Gegenvorschläge persönlich. In meinen Ohren bedeuten sie: Du und deine Vorschläge sind nicht gut genug. Du reichst nicht. Du bist einfach nicht perfekt. Und damit trifft sie, ohne es zu wissen und zu wollen, einen absolut wunden Punkt bei mir.

Diese Botschaft hat an verschiedenen Stellen meines Lebens mein Herz verletzt und trifft mich bis heute sehr tief. Und deswegen lauert sie auch an Stellen auf mich, die eigentlich total unverfänglich und neutral gemeint sind. Aber ich kann das Ohr in mir, dass immer wieder diese Botschaft hört, einfach nicht abstellen.

Ich denke, dass jeder ein oder mehrere solcher empfindlicher Ohren hat. Man hört Dinge in Aussagen hinein, die einen unbewusst verletzen, wütend machen oder zurückweisen. Hier liegt die Schuld nicht beim anderen, denn der hatte gar keine negative Intention. Vielmehr sind Erfahrungen, Prägungen oder längst zurückliegende Aussagen die Ursache für das eigene Über-Feingefühl.

Ein solch wunder Punkt heilt nicht über Nacht, manchmal nicht mal ohne einen Arzt, sprich Hilfe von außen. Aber ein erster Schritt, um das Verhältnis zu meinen Kindern oder anderen Nahestehenden in diesem Bereich zu entschärfen, ist, mir über meine eigenen Wunden klar zu werden.

Wenn ich weiß, was mich warum wie trifft,
kann ich anders damit umgehen.

Und ich darf Gott um Schutz für meine Seele, um Heilung meiner Verletzungen und um Gelassenheit im Zusammenleben mit anderen bitten.

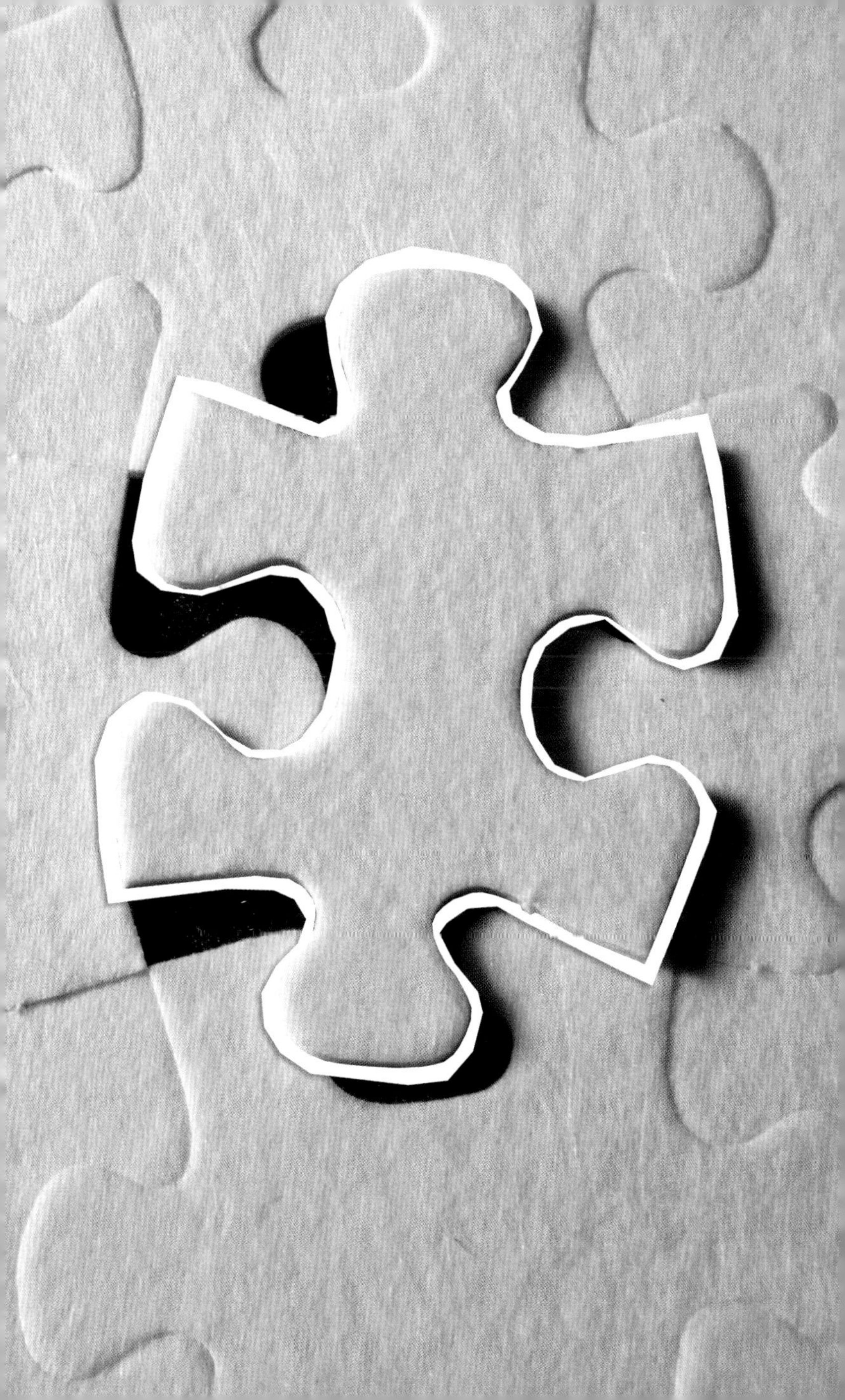

27

Eine Grenze darfst du selbst sein

Ich bin Mama. Leider verwechsle ich das so manches Mal mit: Ich bin Übermensch.

Auch wenn es sicher Situationen im Leben gibt, in denen es wünschenswert wäre, einen dritten Mega-Arm ausfahren oder mit Superkräften den Engpass bewältigen zu können, bleibt das ein Traum.

Auch weiß ich nicht immer die erzieherisch hochwertigste Lösung und kann nicht ständig mit unverwüstlicher Geduld und Besonnenheit aufwarten. Stattdessen spüre ich immer wieder meine Grenzen.
Ich-schaff-das-nicht-Grenzen.
Ich-kann-nicht-mehr-Grenzen.
Manchmal auch Ich-will-nicht-mehr-Grenzen.

Und damit meine ich gar nicht mal die ganz weltbewegenden und unglaublich lebensentscheidenden Scheitergründe. Vielmehr kommen mir Alltagsmomente

BIS HIERHER
UND NICHT WEITER

in den Sinn: Meine Kinder streiten seit fünf Minuten um den roten Buntstift. Die Mittagsmüdigkeit scheint mich gleich zu verschlingen. Meine Tochter will partout die Rühreier nicht essen, die ich extra für sie gebraten habe. Mein Sohn bekommt die dritte Erkältung in Folge. Es regnet und mir fehlt die Kreativität für eine spannende Indoor-Nachmittagsbeschäftigung. Und da ist sie auch schon: meine Grenze. Was nun also tun?

Zuerst einmal Stopp sagen. Mich selbst und die Situation wahrnehmen und akzeptieren, dass es jetzt eben so ist. Das ist vielleicht nicht schön, aber es ist eine Tatsache. Dann versuchen herauszufinden, was mich gerade so stresst und ob ich daran etwas ändern kann. Und dann mit dem letzten Rest kühlem Kopf auf die Suche nach einer konstruktiven Lösung machen – einer, die meine Kinder und auch mich im Blick hat.

Konstruktiv ist übrigens nicht immer gleichbedeutend mit pädagogisch auf dem höchsten Niveau. Manchmal ist es einfach das Leichteste, Entspannteste, was einem einfällt. Nämlich zum Beispiel die Situation für einen Moment verlassen und durchatmen, in dem Vertrauen, dass die Kinder einige Augenblicke mit sich selbst klarkommen. Oder für eine kurze Sendung den Fernseher einschalten und die Kids dort parken, um sich selbst einen Kaffee zu gönnen. Oder eine Freundin anrufen und sich dort mit den Kind einladen, um einfach rauszukommen.

Ich darf Grenzen haben. Und je besser ich sie kenne und akzeptiere, desto besser werde ich mit ihnen umgehen können – und auch über sie hinauswachsen!

Gottes Land ist weiter!

Vielfältige Möglichkeiten.
Lust.
Zeit.
Bereichernde Gaben.
Zufriedenheit.
Durchatmen.
Berufen sein.
Geliebt sein.
Weite.
Ausgeglichenheit.
Erfüllung
Wesentlich leben.

Diese Worte lassen Ihr Herz höher schlagen? Sie wecken eine große Sehnsucht? Herzlich willkommen in Ihrem Leben!

Moment – was?, mögen Sie jetzt denken. Mein Leben? Würde das nicht viel treffender beschrieben werden mit: Durchschnittlichkeit. Konflikte. Ausgelaugt sein. Grenzen spüren. Rotieren. Unerfüllte Wünsche. Kleinlichkeit. Überforderung.

Auf den ersten, menschlichen Blick vielleicht ja. Doch Gottes Blick geht weiter. Seine Perspektive ist höher. Sein Land ist reicher. Und er lädt uns ein auf eine Reise in sein Land. Ja, mehr noch: Er möchte uns in seinem Land leben lassen, unseren Blick mit seinem verschmelzen, seine Möglichkeiten zu unseren werden lassen. Nicht als naive Fiktion, sondern als Leben spendende Realität.

Ich habe Grenzen –
aber Gott hat unbegrenzte Möglichkeiten.
Ich bin kleinlich – aber Gott ist großzügig.
Ich bin am Ende – doch Gott schenkt
immer wieder einen neuen Anfang.
Mein Leben erscheint mir so winzig –
doch es ist unverzichtbarer Teil der unglaublichen
Geschichte Gottes mit dieser Welt!

Manchmal erreicht Gottes Weite meine Enge ganz praktisch während eines Spaziergangs, bei dem ich meinen Blick über den Horizont schweifen lasse. Manchmal beschenkt Gott mich mit einem Blick über die Grenze, nachdem ich ein kurzes verzweifeltes Stoßgebet gesprochen habe. Manchmal öffnet Gott den Himmel ein Stück, noch bevor mir überhaupt in den Sinn kam, mit ihm zu rechnen. Auch hierin zeigt sich einmal mehr: Gott ist so viel größer als alles, was ich je erdenken könnte! Und von unschätzbarem Wert ist die Tatsache, dass es ihm deshalb auch nie an Ideen mangelt, mich zu überraschen, mich neu zu beleben, meine Füße wieder auf weiten Raum zu stellen. Was ich dazu tun kann? Ihm die Erlaubnis erteilen, mich unterbrechen zu dürfen!

Aus dem einsamen Weg wieder einen gemeinsamen Weg machen

Ich gehe ins Fitnessstudio. Mein Mann trifft sich einmal pro Woche zum Männerabend mit einem Freund. Ich bin in der Krabbelgruppe unserer Gemeinde engagiert. Mein Mann arbeitet ganztags. Ich habe einen 400-Euro-Job. Mein Mann ist Diakon für Öffentlichkeitsarbeit in unserer Gemeinde. Ich bin im Elternausschuss des Kindergartens. Mein Mann führt nebenher eine kleine Agentur.

Wir machen wirklich viel. Allerdings machen wir als Ehepaar die meisten Dinge leider nicht mehr gemeinsam, seit wir Kinder haben, denn der eine muss sich eben um die Kinder kümmern, während der andere seinen Aufgaben, Hobbys oder sonstigen Engagements nachgeht. Nur recht selten sind wir durch einen Babysitter entlastet, sodass wir als Ehepaar gemeinsam im Einsatz sind. Und die wenigsten Aktivitäten lassen es zu, dass man sie als ganze Familie wahrnimmt.

Zum einen tut es gut, ein paar Sachen zu machen, die man ohne Anhang genießen kann, um mal etwas anderes zu denken oder jemand anderen zu sehen. Zum anderen birgt diese Lebensphase auch eine Gefahr:

Jeder geht seinen eigenen Weg, jeder lebt sein eigenes Leben, wenig findet gemeinsam statt. Man lebt bestenfalls nebeneinanderher, schlimmstenfalls sogar in verschiedene Richtungen.

Nicht weil man das aktiv so entschieden hat, aber es hat sich still und heimlich eingeschlichen. Denn um Erfahrungen und Gedanken richtig miteinander zu teilen, bedarf es einer Menge Zeit, Kraft und Aufwand. Ich muss meinem Partner erzählen, was wir im Kindergarten besprochen haben (auch wenn er eigentlich noch einen Auftrag seiner Firma erledigen muss), und mein Mann muss mir Einblick in die Beschlüsse der letzten Diakonensitzung geben (auch wenn ich eigentlich schon auf dem Sprung zum Sport bin).

Wir haben als Ehepaar vor dem Traualtar besiegelt, dass wir gemeinsam unseren Weg durchs Leben gehen wollen. Nun fordert diese Entscheidung unseren vollen Einsatz – und das neben all den anderen Dingen, die uns ebenfalls eine Menge abverlangen. Doch die Mühe lohnt sich! Wir haben einen Begleiter, einen Weggefährten, einen Mitreisenden, einen Kameraden, einen besten Freund, einen Verbündeten, einen Geliebten. Und gemeinsam unterwegs zu sein, Sorgen zu teilen, Freuden zu verdoppeln, Träume zu beleben – was könnte es Schöneres geben?

30

Gerne auch mal anders

Wenn ich ein Rezept suche, gehe ich dafür meistens auf eine bestimmte Seite im Internet. Wenn ich Lebensmittel einkaufen gehe, tue ich das immer in den gleichen Läden. Wenn ich ein Kapitel für dieses Buch schreiben will, sitze ich dabei vorwiegend im selben Raum unserer Wohnung am selben Platz.

Manche Rituale in unserem Leben tun uns gut und geben uns Sicherheit. Manche nehmen uns aber auch die Dynamik und lassen wenig Raum für neue Inspiration.

Neulich hatte ich ein Treffen am Flughafen und die Gelegenheit, etwas früher dort hinzufahren. So kam ich auf die Idee, mein Notebook mitzunehmen und meine Gedanken von dieser völlig anderen Umgebung in eine ganz andere Richtung treiben zu lassen. Und siehe da, es entstand ein Kapitel für dieses Buch, zu dessen Idee ich zu Hause noch nicht gekommen war.

Im Leben mit meinen Kindern gibt es auch eine Menge Rituale. Das Zubettgehen zum Beispiel. Nachdem der

Schlafanzug angezogen wurde, trinken sie genüsslich noch ein Glas Milch. Dann putzen wir die Zähne und im Anschluss daran lesen wir entweder gemeinsam ein Buch oder es gibt noch eine kurze und individuell gestaltete Mama-Tochter- und Papa-Sohn-Zeit. Dass das immer gleich abläuft, brauchen meine Kinder – und ich ehrlich gesagt auch. Es hilft mir, abschätzen zu können, was ich an Zeit und Energie noch aufwenden muss und wann ich mich danach noch letzten anderen Aufgaben des Tages zuwenden kann.

Aber genauso gibt es auch Dinge, die immer nach demselben Schema ablaufen, ohne dass dies für irgendjemanden von Nutzen wäre. Hier ist der Grund eher Faulheit meinerseits oder schlichtweg die Tatsache, dass ich einfach noch nicht auf die Idee gekommen bin, dass wir das auch mal anders gestalten können. Dabei könnte ein anderer Ablauf oder eine andere Umgebung für eine Menge Inspiration sorgen!

Warum nicht mal den Lebensmitteleinkauf als Schatzsuche verpacken, den Einkaufszettel mit kleinen Bildchen versehen und das leidige Muss zu einem abenteuerlichen Erlebnis mit den Kindern umgestalten?

Oder die Abendbrote in Sternform schneiden, die Abendmilch mit etwas Erdbeergeschmack verfeinern und alles zusammen auf einer großen Picknickdecke im Wohnzimmer oder sogar im Garten als Festmahl verspeisen? Der Tag bietet tausend Variationsmöglichkeiten…

Ein positiver Nebeneffekt kann dabei übrigens auch sein, dass man üblicherweise konfliktbeladene Momente des Tages entzerrt. So stellt man zum Beispiel womöglich fest, dass die Kinder sich viel leichter und

entspannter anziehen lassen, wenn man mal die Reihenfolge der To-dos am Morgen vertauscht und sie zuerst frühstücken und ihren Hunger stillen können. Außerdem hilft eine gewisse Flexibilität und Kreativität, und sei es nur an kleinen und scheinbar unbedeutenden Punkten (z.B. wo man beginnt, die Wohnung zu saugen oder dass man eine lästige Aufgabe durch motivierende Musik verschönert), den Alltag zu entstauben und Dinge, die man selbst nur sehr ungern tut, wieder mit neuem Leben und neuer Freude zu füllen.

Worte schaffen Wahrheit

„Madita, du bist so nervig!" Das musste jetzt nach endlosen Diskussionen und nervtötender Rebellion einfach mal gesagt werden.

Doch meine Tochter (drei Jahre wohlgemerkt) baut sich unbeirrt vor mir auf, verschränkt die Arme und entgegnet nur kurz: „Nein, das stimmt nicht. Ich bin ein Geschenk Gottes!"

Ich bin von Herzen froh, dass sie das in ihrem jungen Alter schon so klar sieht. Denn leider verhalte ich mich nicht immer wie ein Geschenk Gottes und treffe Aussagen, die weder erbaulich noch wertschätzend sind.

Da gibt es zum Beispiel die „immer"- und „nie"-Sätze. „Musst du immer so trödeln? Nie tust du das, was ich von dir möchte!" Floskeln, ja, aber für ein Kinderherz auch sehr vernichtend. Oder: „Ich hasse es, wenn..." bis hin zu: „Du bist einfach eine Zicke!"

Im Affekt alles verständliche Ausbrüche. Doch trotzdem nicht förderlich. Denn Worte schaffen Wahrheit – auch wenn sie so wahr gar nicht sind oder zumindest nur einen Teil der Wahrheit beschreiben.

Darf ich denn gar nicht mehr schimpfen, mein Kind auf Fehlverhalten aufmerksam machen? Doch, das muss ich sogar. Denn Grenzen müssen gesetzt und Fehler bereinigt werden. Aber dabei spielen Worte eine große Rolle. Hier kann es extrem hilfreich sein, sich in entspannten Momenten ein Repertoire an sachlichen und angemessenen Sätzen zurechtzulegen.

„Dein Verhalten ist nicht in Ordnung" oder „Heute empfinde ich dich ganz schön nörgelig!" zum Beispiel.

Worte schaffen Wahrheit und haben oftmals viel weiter reichende Auswirkungen, als uns bewusst ist. Darum tun wir gut daran, positive Aussagen zu trainieren.

„Das hast du toll gemacht!", „Ich bin stolz auf dich!", „Wie schön, dass du zu uns gehörst!"

Die Palette ist unglaublich vielfältig und bunt. Und das Bild, das wir mit diesen guten Worten malen können, wird ein Meisterwerk werden!

Übrigens darf dieses Kapitel auch herzlich gerne auf sich selbst bezogen werden. „Boah, ich bin so blöd!", ist nämlich genauso wenig hilfreich und aufbauend. Und auch ich darf mich selbst unterstützen, mir gute und motivierende Botschaften zusprechen!

32

Gott wohnt auf dem Käse-Mond

Ich bin Mama.

Ich baue zum Abendessen kleine Wurstbrotsterne und Käse-Monde.

Ich brauche für eine Wegstrecke von 500 Metern etwa 45 Minuten.

Ich singe Lieder von rosa Elefanten und Mäusen auf Weltraumreisen.

Ich puzzle seit drei Monaten jeden Tag dasselbe Puzzle mindestens viermal.

Ich stehe um 7:20 Uhr vor dem noch geschlossenen Aldi, um auf jeden Fall eine Kinderjeans zu ergattern.

Ich klebe bunte Krickel-Krakel-Bilder und schief ausgeschnittene Blumen mit einem „Ah!“ und einem „Oh!“ an den Kühlschrank.

Ich packe Geschenke in Hello-Kitty- und Bob-der-Baumeister-Papier ein.

Ich sitze nun schon den (gefühlten) 543. Sonntag in Folge auf einem 30 Zentimeter hohen Stuhl und lau-

sche den Geschichten von Daniel in der Löwengrube und Noah in der Arche.

Ich kaufe mehr Salzstangen und Butterkekse und Reiswaffeln als Mon Chérie, Mousse au Chocolat und Tacos mit Salsasoße.

Wenn ich mein Leben betrachte, kommt es mir manchmal unglaublich banal, profan und unbedeutend vor.

Im Kopf kann ich mir (meistens) klarmachen, dass das nicht stimmt, aber mein Herz fühlt etwas anderes. Und als ob das an Frustration nicht schon reichen würde, gesellt sich oftmals noch ein weiterer kleiner Gedanke hinzu: Was will Gott eigentlich mit dir anfangen? Was für einen Wert hat dein kleines Leben denn schon für ihn? Du stehst doch momentan gar nicht wirklich zur Verfügung, bist total beschäftigt und gleichzeitig ausgepowert. Also bist du für ihn zurzeit auch wenig attraktiv und nur von geringem Interesse ...

Doch das ist eine Lüge! Gott hat Mütter und Väter nicht vergessen, nicht aufs Abstellgleis verfrachtet. Gott schätzt unsere Elternarbeit zu hundert Prozent. Er hat uns einen solchen Schatz anvertraut, der es wert ist, unglaublich viel Arbeit und Aufmerksamkeit dort hineinzuinvestieren. Er sieht uns und all unser Tun. Und mehr noch: Gott ist mittendrin. In unserem Leben, unseren Aufgaben, allen Banalitäten. Er sitzt mit am Abendbrottisch. Baut mit uns den Duplo-Turm. Freut sich mit beim ersten Wackelzahn. Schmunzelt über den joghurtverschmierten Kindermund. Kennt unser Herz und unsere Gedanken und flüstert hinein: „Ich liebe dich! Danke!“

33

Den Gelassenheitsmuskel trainieren

Leider gehöre ich zu der Spezies der etwas weniger entspannten Mütter. Ich kann mich ziemlich aufregen. Im ersten Moment fühlt sich das Dampfablassen zwar ganz gut und hilfreich an, aber im Resümee eines ganzen Tages lässt es meist einen faden Nachgeschmack zurück.

Kann ich die Dinge nicht einfach leichter nehmen? Wäre uns nicht allen geholfen, wenn ich mich einfach mal entspannte?

Sicher, aber einfach ist das für mich nicht. Leider. Das ist Typsache und so bin ich nun mal gestrickt. Das darf so sein und dazu darf ich stehen.

Aber so muss es zum Glück nicht bleiben.

Seit Kurzem bin ich regelmäßig im Fitnessstudio, denn ich will endlich die letzten Pfunde der zurückliegenden Schwangerschaften loswerden. Oft sitze ich auf der Bauchmaschine oder der Beinpresse und frage mich, warum ich mir das antue. Die Anstrengung. Der Schweiß. Der Zeitaufwand. Einfach ist das auch nicht. Aber wenn ich durchhalte, ist es auf lange Sicht gesehen effektiv und hilfreich. Es fördert Gesundheit und Wohlbefinden. Und lässt mich den nächsten Sommerrock mit mehr Stolz tragen!

Vielleicht funktioniert Gelassenheit auch wie ein Muskel, der trainiert werden kann? Ich will das testen und stelle mir ein Trainingsprogramm zusammen.

Übung 1: Wenn meinen Kindern etwas Ungeschicktes passiert – eine Tasse herunterfällt oder der Filzstift einen Strich aufs T-Shirt malt – spreche ich es an, aber werde nicht laut und rege mich nicht auf.

Übung 2: Wenn ich absolut genervt bin, zähle ich leise bis 10, spreche vielleicht auch ein Stoßgebet um Hilfe und versuche dann, die Umstände so zu verändern, dass ich sie leichter tragen kann.

Übung 3: Wenn ein Konflikt aufkommt, versuche ich, ein wenig Humor und Leichtigkeit in die Auseinandersetzung zu bringen, um die Situation nicht schwerwiegender zu machen, als ihr zusteht.

Erweiterungsmodule für Profis: Die Kekskrümel auf dem Sofa nur einmal am Tag wegsaugen, den Teddy im Wohnzimmer bewusst mitten im Weg liegen lassen, das T-Shirt mit dem Filzstiftfleck dem Kind noch einen weiteren Tag anziehen, ohne es zu waschen …

Das reicht fürs Erste. Es wird für mich nicht einfach. Aber ich bin gespannt, wie es sich anfühlen wird, wenn mein Gelassenheitsmuskel gewachsen ist, und guter Zuversicht, dass mit der Zeit die Familiengesundheit und das Wohlbefinden deutlich gesteigert werden!

34

Kinder müssen nicht immer im Mittelpunkt stehen

Ich liebe meine Kinder von ganzem Herzen. Ich liebe ihr Lachen, ich liebe ihren Charakter, ich liebe ihre Ideen, ich liebe ihren ganz eigenen Kopf. Und ich liebe ihre Marotten. Zum Beispiel die, mich überallhin begleiten zu müssen. Wann ich das letzte Mal alleine auf dem Klo war, weiß ich nicht mehr und auch nicht, wann ich alleine in den Keller gegangen bin. Meine Frisörin stellt schon immer vorsorglich einen weiteren Stuhl neben meinen und beim Einkaufen werden wir mittlerweile mit Namen begrüßt: „Ach, die Schultes!" Uns gibt es eigentlich nur im Gesamtpaket.

Das ist einerseits schön, so geliebt und gebraucht zu werden. Außerdem ist es ja auch normal, denn schließlich sind Kinder voll und ganz auf die Fürsorge und Hilfe ihrer Eltern angewiesen. Aber andererseits kann es einem auch die Luft zum Atmen nehmen.

Und deshalb ist es wichtig und richtig, dass die Kinder trotz ihrer Präsenz nicht immer im Mittelpunkt stehen. Denn das ist weder nötig noch hilfreich – es sei denn, man ist auf unselbstständige Kinder und völlig ausgelaugte Eltern aus.

Aber damit ist keinem geholfen, also muss es andere Wege geben.

Zum Beispiel den, im Familienalltag verschiedene, klar gekennzeichnete Zeiten festzulegen. So gibt es die Zeit, in der die Kinder zu hundert Prozent den Fahrplan bestimmen und die volle Aufmerksamkeit der Erwachsenen bekommen. Sei es beim Puzzeln, beim Fußballspielen oder beim Buchlesen – egal. Man übergibt ihnen ganz offiziell das Zepter.

Und es gibt die Zeit, in der die Kinder gerne dabei sein dürfen, aber eben nur dabei. Dann muss Mama vielleicht vorrangig die Wäsche bügeln oder Papa den Rasen mähen. Wenn das Kind sich in diese Situation einfügt und vielleicht sogar mithilft, darf es ohne Weiteres anwesend bleiben. Tut es das nicht, hat es die große Chance, sich zurückzuziehen und zu erfahren, wie spannend es ist, kreativ zu werden und sich auch mal alleine zu beschäftigen. Das bedarf sicher einiger Übung und ein paar starker Elternnerven, ist am Ende aber ein großer Gewinn für alle Beteiligten!

Sind die Kinder schon ein klein wenig älter (ab etwa drei Jahren), kann es auch einen regelmäßig wiederkehrenden Zeitraum am Tag geben, der völlig selbstständiges Spielen fordert. Bei uns ist das die Mittagspause. Sie dauert 20 Minuten und meine beiden Kids müssen sich während dieser Zeit in ihren Zimmern aufhalten.

Am Anfang dieses Zeitraums mache ich ihnen ein paar Angebote oder Spielvorschläge und ab dann bin ich für sie nur noch im äußersten Notfall ansprechbar. Eine kleine Eieruhr steht vor der Zimmertür, die klingelt, wenn die Zeit rum ist, sodass sie sogar selbst abschätzen können, wie lange die Mittagspause noch dauert.

Der Gewinn dieser Zeit liegt übrigens auf beiden Seiten: Auf diese Weise lernen die Kinder, sich mit sich selbst zu beschäftigen, und ich habe einen kurzen Moment Durchschnaufpause, um mich danach wieder mit neuer Kraft und Lust in einen gemeinsam gestalteten Nachmittag zu stürzen.

Please
Do Not Disturb

35

Relax!

Das Leben mit einem Baby ist wie Urlaub in Irland. Meistens regnet es. Wenn aber doch einmal die Sonne scheint, ist es bezaubernd.

Wolfgang Schmidtbauer, Therapeut

Als ich dieses Zitat las, wusste ich nicht genau, ob ich es gelb markieren und mit einem „So isses!“ am Rand versehen sollte oder doch besser verachtungsvoll die Zeitung, in der es stand, wegschmeiße und einen empörten Leserbrief schreiben. Irgendwie hat der gute Mann ja recht – und doch würde ich mein Leben mit Kindern niemals in solche Worte fassen.

Wie dem auch sei:

Regengüsse und Sonnenscheinmomente wechseln sich im Leben mit Kindern so unglaublich schnell ab, dass man manchmal gar nicht genau weiß, wie da Kopf und Herz hinterherkommen sollen.

Im einen Moment ist das Drama noch riesig, im nächsten ist die Welt in allerbester Ordnung. Und ebenso,

wie sich Licht und Schatten die Klinke in die Hand geben, lösen sich auch Momente der Hektik und Momente der Ruhe fast im Sekundentakt ab.

Darum habe ich mir den weisen Rat einer Freundin zu Herzen genommen: Man muss lernen, auf den Punkt hin zu entspannen. Das bedeutet: Zeit für einen langen Vorlauf oder eine ausgiebige Relax-Vorbereitung bleibt oft nicht. Wenn die Kinder grade in herzlicher Einheit spielen, ich dann aber erst die Bude aufräumen will, bevor ich den Kaffee genieße, steht der mit großer Sicherheit am Ende des Tages noch immer ungetrunken und kalt in der Tasse. Oder wenn ich der Umarmung mit meinem Partner – die gerade ungestört möglich wäre, weil im Kinderzimmer unerwartete Ruhe herrscht – erst die Diskussion über den nächsten Sommerurlaubsort vorschieben möchte, werde ich am Ende sicher weder das Urlaubsthema befriedigend geklärt noch eine liebevolle Umarmung genossen haben.

Aus „Carpe diem – Nutze den Tag" wird im Leben einer Mutter oder eines Vaters „Carpe momentum – Nutze den Moment".

Wer das beherzigt und übt, der wird auf jeden Fall mitten in allem Regen die Sonne im entspannten Herzen spüren!

36

Das Wesentliche im Blick

Wenn man ein randvolles Glas Wasser zu einem bestimmten Ort tragen will, ist dies fast unmöglich, solange man den Blick auf das Glas richtet. Man schwankt, zittert und verschüttet den Inhalt. Richtet man seinen Blick aber auf das Ziel, ist es plötzlich viel leichter, dieses auch zu erreichen.

Ich habe die Vermutung, dass im übertragenen Sinn im Leben vieles genauso funktioniert. Schaue ich auf die Umstände und meine vielzähligen Aufgaben, komme ich schnell bedenklich ins Wanken. Ich möchte meine Kinder konsequent und doch liebevoll erziehen, den Haushalt gut führen, ein schönes Ambiente für meine Familie schaffen, meinen Mann unterstützen, meinen Job gewissenhaft erledigen, meine Lieben mit besonderen Momenten überraschen, Freundschaften pflegen und auch für mich selbst sorgen und nichts von all dem aus dem Blick verlieren.

Aber wie soll ich das alles leisten? Und mir scheint, dass die Anforderungen eher wachsen, als dass sie abnehmen.

Wenn meine Welt von diesen Gedanken und Ängsten geprägt ist, schaue ich auf das Glas in meiner Hand. Dann tut es unendlich gut, wenn Gott liebevoll seine Hand unter mein Kinn legt, meinen Kopf langsam hebt und mir das Ziel wieder in den Fokus rückt. Und was ist dieses Ziel? Ganz grob gesagt: er selbst.

Er hat mich in dieses Leben gestellt – zu dieser Zeit, mit diesem Umfeld und diesen Anforderungen – nicht um mich dann alleine und völlig ausgelaugt wie ein Hamster in seinem oft zitierten Rad nach dem Sinn oder Unsinn des Daseins forschen zu lassen. Als er mich schuf, hat er ein Stück seiner selbst in mich hineingelegt und schon damals den sehnlichen Wunsch gehegt, einmal in einer Beziehung zu mir zu leben. Er wusste, dass ich unbeantwortete Fragen, ungestillte Sehnsüchte, leergelaufene Tanks haben werde. Und er wusste auch, dass ich den wahren Sinn, die bleibende Erfüllung, die letztendliche Hoffnung nur in der Gemeinschaft mit ihm finden werde.

Darum taucht er immer wieder in meinem Leben auf, wirbt um mein Herz, bietet seine offenen Arme, schenkt mir seine Liebe und Kraft.

Wenn ich dann innehalte, seine Einladung annehme, auf seinem Schoß Platz nehme und seine Vergebung, Nähe und Inspiration in meinem Herzen aufnehme, merke ich, wie das Leben tatsächlich wieder lebenswert und liebenswert wird.

Und in diesen Begegnungen mit ihm wird auch meine Liebe für andere wieder neu belebt.

Aber in der Liebe geht es nicht mehr um Perfektion.

Das heißt: Ich kann meiner Familie meine Liebe auch zeigen, selbst wenn die Betten nicht immer perfekt gemacht sind. Die Liebe zu meiner Arbeit kann ich auch dann ausdrücken, wenn nicht jede Aufgabe auf dem höchsten Level erledigt wird. Und ich kann den Wert von Freundschaften im Blick haben, selbst wenn ich es mal eine Woche lang nicht schaffe, mich zu melden.

Wichtig ist, dass ich mich vom Ziel leiten lasse und nicht von vermeintlichen Ansprüchen getrieben werde. Und vom Ziel her gesehen wird plötzlich so viel klarer, wie sich genau dieses tatsächlich erreichen lässt.

37

Eltern machen Fehler – das ist normal!

Ich möchte meinen Kindern immer ruhig und in Liebe begegnen. Ich möchte gerecht sein und niemanden bevorzugen oder benachteiligen. Ich möchte sie fördern und mit meinen Worten unterstützen, sie nicht mit Vorwürfen überschütten und auch nicht beschimpfen. Ich möchte gelassen sein und nicht Kleinigkeiten zu großen Problemen aufblasen. Ich möchte sie niemals schlagen – weder mit Worten noch mit meinen Händen. Ich möchte stets ein offenes Ohr für sie haben und ihnen vermitteln: „Du kannst immer zu mir kommen. Wenn du mich brauchst, gibt es nichts, was wichtiger wäre als du."

Das sind einige meiner „Erziehungs- und Lebensgestaltungsprinzipien", die ich mir fest vorgenommen habe. Ich versuche jeden Tag, ihnen zu genügen, und halte sie mir immer wieder – manchmal bewusst, manchmal eher unbewusst – vor Augen. Und was soll ich sagen? Ich scheitere täglich. Mal an einem Punkt, mal an mehreren, manchmal auf ganzer Linie. Dabei sind meine Grundsätze doch sowohl gut als auch von Herzen ernst gemeint. Was läuft also falsch?

Ich glaube nichts. Denn auch, wenn Eltern hohe Ziele verfolgen, wirklich erstrebenswerte Prinzipien festlegen und alle Kraft daransetzen, diese nicht nur zu haben, sondern sie auch zu leben, werden sie scheitern.

Das macht sie aber nicht zu schlechten Eltern und auch nicht zu unfähigen Erziehern. Das spiegelt lediglich die Tatsache wider, dass sie Menschen sind.

Und Menschen machen eben Fehler, stoßen an ihre Grenzen, kommen zu Fall. Auch in der Erziehung. Sicher ist das weder erstrebenswert noch eine gute Entschuldigung für das eigene Scheitern. Aber das ist normal.

Wie gut tut es da, dass Gott um unsere Unzulänglichkeit weiß und uns trotzdem als Eltern ausgesucht hat, um einen kleinen Menschen zu begleiten und zu prägen. Denn beim Elternsein geht es nicht um Perfektion, sondern um Liebe. Und um Vergebung. Die dürfen wir von Gott erfahren, wenn wir ihn darum bitten. Die dürfen wir auch von unseren Kindern erbitten. Und die dürfen wir auch uns selbst zusprechen – in dem Wissen, dass Gott schützt, heilt, wieder aufhilft und Neuanfänge schenkt.

38

Lache, wenn es was zu lachen gibt

„Mama, lach doch auch noch mal mit uns!"

Dieser Satz meiner Tochter sitzt. Sie und ihr kleiner Bruder biegen sich nämlich grade vor Lachen, während ich eher griesgrämig und genervt die ganzen Salzstangen vom Boden sammle, die die beiden beim Toben umgeschmissen haben. Dass die Situation wirklich eher lustig ist, kann ich dabei kaum empfinden, denn ich verliere mich gerade lieber in Selbstmitleid.

Mit einem Mal wird mir bewusst, wie schade das ist.

Bin ich wirklich auf dem Weg, eine verbitterte und mürrische Mutter zu werden, die nur rummäkelt und schimpft? Dabei wollte ich doch genau das nie sein!

Klar, das Leben als Eltern bietet genug Stoff zum Klagen: kurze Nächte, laute Kinder, jede Menge umgeworfene Gläser, dreckige Jeanshosen, Taxidienste zu ungünstigen Zeiten, nicht gewürdigte Kochkünste,

Lach' mal!

nervenaufreibende Diskussionen und, und, und. Ich denke, jeder könnte diese Liste ohne langes Überlegen um ein Vielfaches verlängern.

Aber sind das wirklich die entscheidenden Dinge? Lädt das Leben mit Kindern nicht an so unendlich vielen Stellen zum Staunen, Genießen und eben Lachen ein?

Mir fällt spontan eine Situation vor einigen Tagen ein. Wir sitzen im Auto und mein Sohn (1 ½ Jahre alt) ruft vom Rücksitz aus: „Piep, Piep." Zuerst beachte ich ihn gar nicht. Aber als er keine Ruhe gibt, schaue ich mich um und sehe, wie er sich seine Mütze über die Augen gezogen hat und sein „Piep, Piep" eine Aufforderung an mich ist, ihn in seinem Versteck zu suchen.

Oder der Moment mit meiner Tochter, in dem ich einen Rock bügle (was ich zugegeben wirklich nicht sehr oft tue und meine Tochter mich deshalb selten dabei sieht) und sie mich fragt: „Warum machst du das, Mama? Willst du, dass der gleich schön warm ist?"

Ich muss jetzt noch schmunzeln, wenn ich daran denke. Und ohne viel Mühe könnte ich auch diese Liste mit kostbaren und witzigen Situationen unendlich verlängern. Allerdings wiegen die guten Geschichten in unserem Erleben leider nicht so schwer wie die schlechten. Es ist an uns, ihnen das Gewicht zu geben, das sie verdienen. Zum Beispiel dadurch, dass wir sie bewusst wahrnehmen, sie schätzen und uns von ihnen zum herzhaften Lachen einladen lassen – weil sie es wert sind!

39

Die Welt braucht kleine und große Spinner

Puuuuuuupsch. Dieses Geräusch ertönte in der Einfahrt, dicht gefolgt vom herzhaften Lachen meiner Kinder.

„Oma hat uns eine Dose Furzschleim mitgebracht!“

Na super. Willkommen in der Welt der Dinge, die kein Mensch braucht. Oder vielleicht doch?

Denn als meine Kinder mir ihren neuen Schatz präsentieren, komme ich auf den Geschmack. Ich drücke und quetsche dieses glibberige Zeug und stelle fest, dass man unglaublich komische Geräusche damit machen kann. Am Ende kugeln wir uns alle drei vor Lachen auf dem Boden. Was für ein wundervoller Moment – gestiftet von einem grünen Ekelschleim aus dem Scherzartikelladen.

Das Leben ist bunt. Laubfroschgrün, Öljackengelb, Wackelpuddingrot und Himmelblau. Und wie ein Malkasten lädt uns das Leben ein, mit all seinen farbenfrohen Möglichkeiten zu experimentieren, zu gestalten und zu staunen. Wir müssen uns nur darauf einlassen. Dürfen kreativ werden und ein kleines bisschen bekloppt. Das hat nämlich noch niemandem geschadet. Ganz im Gegenteil.

Warum also nicht mal mit den Kids ausprobieren, wie weit der Zahnpastatubeninhalt vom Gartenzaun aus wirklich reicht? Oder was passiert, wenn man eine Brausetablette in den Mund steckt und sie mit Sprudel runterspült. Oder wer als Erstes unten ankommt, wenn man sich den langen Wiesenhang mitten im Park herunterrollen lässt. Oder ob man ein Stück Melone nicht doch ganz ohne Hände essen kann. Oder bis wohin man die Stereoanlage noch hören kann, wenn man die Benjamin-Blümchen-Hits auf volle Lautstärke dreht.

Ob das pädagogisch wertvoll ist? In gewissem Sinne bestimmt (o. k., o. k. – manchmal vielleicht nur, wenn man ein Auge zudrückt).

Ob das Spaß macht? Auf jeden Fall.

Ob das Momente schafft, die man so leicht nicht mehr vergisst? Unter Garantie – und die machen das Leben doch erst wunderbar!

40

Die Einladung zum SEIN

Das Leben verlangt immer wieder von uns, dass wir uns verändern. Wir sollen reicher werden, dünner werden, sportlicher werden, produktiver werden, stylischer werden, schneller werden, schlauer werden, besser werden.

Auch Eltern stehen unter dem enormen Druck, sich zu verändern. Hast du Kinder, musst du ein Vorbild werden, zuverlässiger werden, stetiger werden, konsequenter werden, liebevoller werden, geduldiger werden, vernünftiger werden, erwachsener werden, eben noch mal eine Portion besser werden.

Neulich sah ich ein T-Shirt, auf dem stand:

„Is mir egal, ich bleib jetzt so."

„Ja", dachte ich, „das will ich auch sagen können!" Aber zugleich mahnte ich mich selbst mit Sätzen wie: „Stillstand ist Rückschritt." und „Ein Christ darf sowieso nicht so bleiben, wie er ist!".

Veränderung ist grundsätzlich etwas Gutes. Dinge entwickeln sich, man geht voran, Neues entsteht. Außerdem möchte keiner gerne ein Leben leben, das auf der Stelle tritt, nicht in Gang kommt, verstaubt und einrostet. Aber der Druck, unter den wir uns dabei selbst stellen, ist alles andere als gesund und hilfreich. Wir brauchen einen Ort, an dem wir nicht vorrangig etwas oder jemand werden müssen, sondern an dem wir einfach einmal sein dürfen. Und in diesem Sein ist es so wichtig, sich nicht nur geduldet und ertragen zu fühlen, sondern sich zutiefst geliebt und getragen zu wissen.

„Still und ruhig ist mein Herz, so wie ein sattes Kind im Arm der Mutter – still wie ein solches Kind bin ich geworden" (Psalm 131,2 GN). Seitdem ich selbst Mutter bin, hat dieses Bild eine noch viel stärkere Bedeutung für mich, denn ich habe diese zufriedenen Momente meiner Kinder in meinem Arm sehr genossen. Und zugleich bringt es wirklich meine tiefste Sehnsucht auf den Punkt: nicht länger getrieben zu sein. Nicht mehr begierig auf etwas oder jemanden zu schielen. Kein Schaffensdruck. Keine hohen Ansprüche. Keine Messlatte. Einfach ausruhen. Genießen. Satt sein. Umsorgt sein. Geborgen sein.

Gottes Arme stehen weit offen. Für Mütter. Für Väter. Für Kinder. Für jeden. Sein Angebot ist laut ausgesprochen: „Kommt her zu mir, alle, die ihr mühselig und beladen seid; ich will euch erquicken" (Matthäus 11,28 LÜ).

Es gibt diesen Ort, wo wir einfach sein dürfen. So, wie wir sind. Er ist direkt an Gottes Herzen. Wenn wir ihn aufsuchen – sei es durch ein einfaches Gebet, eine Meditation oder einen Blick in die Bibel –, dann können wir selbst wieder Kinder werden, die die Liebe ihres himmlischen Vaters spüren.

Und das Spannende ist: Dieser Ort des Seins kann zu einem Ort der Veränderung werden. Aber ganz ohne

Druck und Zwang. Gott selbst ist der, der sich als der Ewige und Vollkommene niemals verändert, sich selbst immer treu bleibt – und zugleich vor Schaffenskraft nur so sprüht, mit Erneuerung großzügig beschenkt. Er möchte den Weg mit uns gehen, der uns wirklich zu dem Menschen macht, den er schon lange in uns sieht. Mit ihm wird Veränderung zur Leidenschaft und Entfaltung zur größten Chance unseres Lebens. Wer sich von ihm zum Sein einladen lässt, der kann mit ihm alles werden!